"互联网+"背景下大学英语教学创新研究

李 辉 许慧琳◎著

吉林出版集团股份有限公司
全国百佳图书出版单位

图书在版编目（CIP）数据

"互联网+"背景下大学英语教学创新研究/李辉，许慧琳著. -- 长春：吉林出版集团股份有限公司，2023.8
　　ISBN 978-7-5731-4286-3

Ⅰ.①互… Ⅱ.①李…②许… Ⅲ.①英语—教学研究—高等学校 Ⅳ.① H319.3

中国国家版本馆 CIP 数据核字 (2023) 第 180460 号

"互联网+"背景下大学英语教学创新研究
HULIANWANG + BEIJING XIA DAXUE YINGYU JIAOXUE CHUANGXIN YANJIU

著　　者	李　辉　许慧琳
责任编辑	黄　群
封面设计	沈　莹
开　　本	710mm×1000mm　　1/16
字　　数	233 千
印　　张	13
版　　次	2024 年 3 月第 1 版
印　　次	2024 年 3 月第 1 次印刷
印　　刷	天津和萱印刷有限公司

出　　版	吉林出版集团股份有限公司
发　　行	吉林出版集团股份有限公司
地　　址	吉林省长春市福祉大路 5788 号
邮　　编	130000
电　　话	0431-81629968
邮　　箱	11915286@qq.com
书　　号	ISBN 978-7-5731-4286-3
定　　价	78.00 元

版权所有　翻印必究

作者简介

李辉 讲师，硕士研究生。就职于琼台师范学院，承担大学英语课程教学。研究成果：参编书1部，独立发表论文多篇，教学比赛获奖1项。

许慧琳 讲师，硕士研究生。就职于琼台师范学院，承担大学英语、英汉互译和英汉口译等课程。研究成果：独立发表论文4篇，参与省级课题1项。

前　言

随着我国经济水平的不断提高和社会发展的变化，教育领域出现了"互联网+"现象。改革开放以来，中国与世界各国在贸易、文化等方面的联系越来越密切，在这个背景下，英语作为沟通的重要工具，发挥着越来越重要的作用。互联网使得大学英语的教学方式更加灵活多样，使传统教学模式得到改善，从而更好地适应时代对大学英语教学的要求。"互联网+"作为改进大学英语教学的重要策略之一，目前仍存在着低效能的问题。为了促进大学英语教学实践的改善，提供"互联网+"视域下大学英语教学的新策略，作者专门开展了《"互联网+"背景下大学英语教学创新研究》的研究。

本书第一章为绪论，主要从"互联网+"概述、"互联网+"教育发展的脉络等方面出发。本书第二章讲述了大学英语教学的构成，主要从大学英语教学的内涵、大学英语教学的现状与问题、大学英语教学的方法与原则、大学英语教学的内容、大学英语教学的理论基础等方面出发。本书第三章介绍了"互联网+"与大学英语教学的融合，对"互联网+"与大学英语教学融合的背景、"互联网+"与大学英语教学融合的意义、"互联网+"与大学英语教学融合的特征、"互联网+"与大学英语教学融合的原则、"互联网+"与大学英语教学融合的影响因素进行了一定的分析。本书第四章为"互联网+"大学英语基础教学创新，主要从大学英语词汇教学创新、大学英语语法教学创新、大学英语听力教学创新、大学英语口语教学创新、大学英语阅读教学创新、大学英语写作教学创新、大学英语翻译教学创新这七个方面展开。本书第五章为"互联网+"大学英语教学评价创新，从大学英语教学评价概述、"互联网+"大学英语教学评价改革的必要性、"互联网+"大学英语教学评价的原则、"互联网+"大学英语教学评价的创新与实践几方面展开了论述。本书第六章为"互联网+"大学英语教师综合素质的提升，分别介绍了"互联网+"大学英语教师的角色定位、"互联网+"大学英语教师专业发展的影响因素、"互联网+"大学英语教师综合素质提升策略几个方面。

本书共23.3万字，李辉老师负责撰写第一章至第三章及第四章的第一节至第五节，共11.9万字，许慧琳老师负责撰写第四章的第六节至第七节及第五章至第六章，共11.4万字。在撰写本书的过程中，作者得到了许多专家、学者的帮助和指导，参考了大量的学术文献，在此表达真诚的感谢。本书内容系统全面，论述条理清晰、深入浅出，但由于作者水平有限，书中难免会有疏漏之处，希望广大同行及时指正。

李辉　许慧琳
2022年11月

目 录

第一章 绪论 ·· 1
   第一节 "互联网+"概述 ··· 1
   第二节 "互联网+"教育发展的脉络 ·· 3

第二章 大学英语教学的构成 ··· 5
   第一节 大学英语教学的内涵 ·· 5
   第二节 大学英语教学的方法与原则 ·· 9
   第三节 大学英语教学的内容 ·· 20
   第四节 大学英语教学的理论基础 ··· 21

第三章 "互联网+"与大学英语教学的融合 ································· 33
   第一节 "互联网+"与大学英语教学融合的背景 ························· 33
   第二节 "互联网+"与大学英语教学融合的意义 ························· 37
   第三节 "互联网+"与大学英语教学融合的特征 ························· 42
   第四节 "互联网+"与大学英语教学融合的原则 ························· 47
   第五节 "互联网+"与大学英语教学融合的影响因素 ·················· 50

第四章 "互联网+"大学英语基础教学创新 ································· 56
   第一节 大学英语词汇教学创新 ·· 56
   第二节 大学英语语法教学创新 ·· 66
   第三节 大学英语听力教学创新 ·· 72

第四节　大学英语口语教学创新 …………………………………… 85
　　第五节　大学英语阅读教学创新 …………………………………… 94
　　第六节　大学英语写作教学创新 ………………………………… 120
　　第七节　大学英语翻译教学创新 ………………………………… 149

第五章　"互联网+"大学英语教学评价创新 …………………………… 167
　　第一节　大学英语教学评价概述 ………………………………… 167
　　第二节　"互联网+"大学英语教学评价改革的必要性 ………… 171
　　第三节　"互联网+"大学英语教学评价的原则 ………………… 171
　　第四节　"互联网+"大学英语教学评价的创新与实践 ………… 174

第六章　"互联网+"大学英语教师综合素质的提升 …………………… 178
　　第一节　"互联网+"大学英语教师的角色定位 ………………… 178
　　第二节　"互联网+"大学英语教师专业发展的影响因素 ……… 185
　　第三节　"互联网+"大学英语教师综合素质提升策略 ………… 188

参考文献 ………………………………………………………………… 196

第一章 绪论

当今社会处于第二次技术革命时期,即从"+互联网"转变成"互联网+",且信息经济在全球内得到了迅猛发展。"互联网+"是互联网技术的扩散与渗透,具有开发信息资源、实现互联网互通的本质,以促进人类社会的融合为目标,实现互联网经济。本章为"互联网+"教育概述,分为两个小节,依次为"互联网+"概述、"互联网+"教育发展的脉络。

第一节 "互联网+"概述

一、"互联网+"的产生

在深刻背景下提出了有关"互联网+"的概念,新一代信息技术以云计划、物联网、大数据等作为代表性技术渗透人们的经济社会生活,且渗透率有逐年增加的趋势,在深度和广度上都有所延伸,加快了生产方式、资源配置方式的变革。经济模式的深刻改变导致世界进入了以信息产业为主的发展时代。

过去的20年,我国的企业基本实现了"+互联网"。随着互联网的发展,在渗透与扩散社会经济方面可以将这个过程分为三个阶段。

第一阶段以通信为特征的"+互联网阶段",也被叫作网络经济。

第二阶段以移动互联网、云计算、大数据应用为特征的"互联网+"阶段,也被叫作信息经济。

第三阶段以物联网广泛应用为特征的互联网经济阶段。

而由于第一阶段已经实现,因此这里重点探讨第二阶段,即"互联网+"。关于"互联网+"的概念界定,并没有形成一个统一的观点。易观国际董事长兼CEO于扬在2012年阐述了有关"互联网+"的概念,提出创业者应当有属于自己的"互联网+",改变传统行业的经济模式,但是这并没有引起过多关注。

《人民日报》于2014年的4月21日将马化腾对"互联网+"的看法刊登出来,将"互联网+"看作是社会发展趋势,"+"指代了各行各业。

在2015年"两会"期间,马化腾针对"互联网+"提出提案。提案中指出"互联网+"是基于互联网,以信息技术为手段,通过与各行各业的融合推动其经济的发展与升级,进而创造出新产品、新业务、新模式,最终构建新生态,但是并没有解释"互联网+"的定义。

2015年,阿里研究院公布了《"互联网+"研究报告》,给"互联网+"做了明确界定,即以互联网为主的一整套信息技术在各个部门的扩散与应用。

根据以上信息,本书认为"互联网+"是推动传统产业转型升级、转变经济发展方式、促进紧急社会形态向互联网经济转变的历史过程。它以移动互联网、物联网、大数据等信息网络技术为基础,将这些信息技术渗透传统产业,以实现信息的互联互通和对信息能源进行开发利用为核心目标,对从设计到消费的全过程进行优化重组,加强对生产方式和企业组织形式的创新。

二、"互联网+"的特征

"互联网+"并不是对互联网和各个传统行业的简单相加,而是通过信息通信技术手段与互联网的平台,加强互联网与传统行业的深度融合,对发展生态进行新创造,具有如下的六个特征:

(一)跨界融合

"+"指的跨界、变革、开放和重塑融合。跨界和变革能夯实创新之基;开放和重塑融合能实现群体智能的发展。融合并不是单纯的对身份进行融合,而是促使客户消费向投资转化,要求伙伴共同创新。

(二)创新驱动

中国的资源驱动型增长方式已经无法满足中国经济社会的需求,需要及时地向创新驱动型增长方式转变,这也体现了互联网思维对社会发展的重要性,促进互联网自我革命、发挥创新力量。

（三）重塑结构

在信息革命、全球化的影响下，原有的社会、经济、文化等结构被打破，话语权和议事规则等也产生了新的变化，使得"互联网+"社会治理与虚拟社会治理区分开来。

（四）尊重人性

想要推动科学技术和社会进步、使得经济增长和文化繁荣，最不可或缺的根本力量就是拥有人性的光辉。以UGC、卷入式营销、分享经济为例，互联网的力量之所以强大，就是因为其尊重人性、敬畏人的体验、重视人的创造性发挥。

（五）开放生态

对于"互联网+"来说，最重要的一个特征就是生态。生态本身具有开放性，能够为"互联网+"提供连接孤岛式创新、化解制约创新环节的方向引导。推进互联网+就要让由人性决定的市场来驱动研发，让努力创业的人实现自我价值。

（六）连接一切

"互联网+"的目标就是连接一切。连接具有层次性，具有相差很大的价值，可连接性也是有一定差异的。

第二节 "互联网+"教育发展的脉络

"互联网+"教育发展的脉络可以概括为以下几个阶段：

初期阶段：互联网技术应用于教育的初期阶段主要是将传统教育资源数字化，并将其发布在互联网上供广大师生使用。这一阶段主要是静态展示和信息传递的阶段，代表性的应用包括一些知名大学的公开课程和MOOC（大规模开放在线课程）。

"互联网+"教育模式创新阶段：随着技术的不断进步，互联网开始与传统教育模式相融合，出现了更多创新型的教育模式。这一阶段的代表性应用包括在线直播教学、互动式在线课堂、个性化教学和虚拟实验室等。

教育产业化阶段：随着"互联网+"教育模式的创新，越来越多的商业机构开始进入这一领域，推动了教育产业化的发展。这一阶段的代表性应用包括在线职业教育、在线考试培训和在线教育服务平台等。

教育智能化阶段：随着人工智能、大数据等技术的快速发展，"互联网＋"教育开始进入智能化阶段，出现了更多基于数据分析、自然语言处理等技术的教育产品和服务。这一阶段的代表性应用包括在线智能化辅导、智能化教学管理系统和智能化学习评估等。

"互联网＋"教育的发展可以看作是不断创新、探索和实践的过程，从静态展示到模式创新，再到产业化和智能化，每一个阶段都为教育领域带来了新的机遇和挑战，也为我们提供了更多优质的教育资源和服务的选择。

第二章 大学英语教学的构成

本章主要介绍大学英语教学概述，主要从五个方面阐述，依次为大学英语教学的内涵、大学英语教学的现状与问题、大学英语教学的方法与原则、大学英语教学的内容、大学英语教学的理论基础。

第一节 大学英语教学的内涵

大学英语教学的内涵可以从多个层面来理解与把握。为了对此概念有更好的认识，下面从教学的概念、本质、作用入手进行分析，在此基础上介绍大学英语教学的目的，从而帮助读者顺利建构有关大学英语教学的基础知识框架。

一、大学英语教学的界定

（一）大学英语教学的概念

大学英语教学是指在大学阶段对学生进行英语学习和教育的过程，包括英语课程设置、教学内容、教学方法和评价体系等方面的设计和实施。大学英语教学以帮助学生掌握英语语言为目标，旨在提升学生的语言能力和跨文化交际能力，为学生未来的学习和职业生涯夯实基础。

在大学英语教学中，除了传授英语语言知识和技能，还要提升学生在终身学习、创新、团队合作等方面的能力，培养学生的批判性思维。这种教学也涉及课程内容和教学方法的更新和改进，以满足时代和社会的需求，同时也需要不断评估和调整教学效果，保证学生能在教学结束后获得有效的学习成果。

综上所述，大学英语教学是为了提高学生的英语语言能力和跨文化交际能力，为学生的未来学习和发展提供支持和帮助，同时也是适应时代需求和促进国家发展的重要举措。

（二）大学英语教学的本质

大学英语教学的本质在于帮助学生掌握英语这门语言，以及提高学生的语言运用能力和跨文化交际能力，从而更好地适应日益国际化的社会环境。具体而言，大学英语教学的本质可以从以下几个方面来阐述。

掌握语言知识：大学英语教学的核心是帮助学生掌握英语语言知识，包括语音、词汇、语法、句型和语用等方面的知识。这些知识既为学生学习英语打下了坚实的基础，又保障了学生拥有语言的运用能力。

培养跨文化交际能力：随着全球化的发展，跨文化交际能力已成为越来越重要的能力之一。大学英语教学不仅能培养学生的英语语言能力，还能为提升学生的跨文化交际能力提供途径。学生通过学习英语，了解外国文化和国际事务，掌握跨文化交际技巧和方法，提高跨文化交流和合作的能力。

培养学生终身学习能力：大学英语教学不仅仅是一种语言技能的培养，更是对学习方法和习惯的培养。学生通过英语学习能够掌握有效的学习方法和策略，提升自主学习的能力，促进未来的学习和发展。

大学英语教学的本质在于帮助学生掌握英语这门语言，并提高学生的语言能力和跨文化交际能力，为学生的个人发展和社会进步作出贡献。

（三）大学英语教学的作用

大学英语教学在当代社会中扮演着非常重要的角色，其作用主要包括以下几个方面：

培养语言能力：大学英语教学可以帮助学生掌握基本的英语语言知识和技能，包括听、说、读、写和翻译等方面的能力，提高学生的英语综合运用能力，为日后的学习和工作打下坚实的语言基础。

提升综合素质：英语教学不仅仅是一种语言技能的培养，同时也是一种综合素质的提升。通过英语学习，可以提高学生的思维能力、跨文化交流能力、创新意识等，从而对提高学生综合素质有所帮助。

开阔国际视野：大学英语教学可以帮助学生了解外国文化和国际事务，拓宽学生的国际视野和世界观，培养跨文化交流和合作的能力。

增强就业竞争力：随着全球化的加速和国际化的趋势，掌握良好的英语语言能力已经成为很多企业和机构对员工的基本要求之一。大学英语教学可以帮助学生提高英语水平，增强就业竞争力，为学生的职业生涯打下坚实的基础。

总之，大学英语教学在现代社会中具有非常重要的作用，对学生的个人发展和社会进步都具有深远的影响。

二、大学英语教学的目的

所有大学英语教师应当对大学英语教学的目的有明确的认知，也就是培养学生的阅读能力、听的能力、初步的写和说的能力，要引导学生正确利用英语这门工具，获取自己想要得到的信息，夯实学生的英语基础，这些也是英语教学的长远目标。教师应当根据实际情况，制定不同学期、不同阶段、不同单元的目标，并细化到每一课、每一节的小目标，才能分阶段的提高学生的学习成效，最终达到英语教学的目的。

在大学英语教学中交际教学是十分重要的，其不仅与时代发展相符，还能够更好地实现大学英语教学的长远目标，同时符合中国国情，是大学英语有效教学的体现，也是实现素质教育的重要渠道。

（一）顺应时代发展趋势

在当今大时代背景下，国与国之间的交往日益频繁，这就要求高校学生应该努力学习语言与文化知识，获取语言与文化技能。世界是一个地球村，经济全球化使得交际呈现多样性，因此在英语教学中，教师除了让学生提升自身的语言能力，还应该提升自身的跨文化交际能力，应对交际中出现的各种变化。另外，随着多元社会的推进，要求交际者应该具备一定的合作能力与意识，无论是生活在什么文化背景中，都应该为社会的进步而努力，树立自己的文化意识，用积极的心态去认识世界。可见，英语教学中的跨文化交际教学将英语价值充分地体现出来，学生对跨文化交际知识的学习也与社会的发展相符，是不断推进中西方文化交流的必由之路。

（二）实现素质教育

如今，我国对于素质教育非常推崇。作为一门基础课程，英语教学也是素质教育乃至文化素质教育的重要部分。在教学中，教师必须将语言与文化的关系处理好，引入西方国家文化，汲取其中的有利成分，发扬我国的文化。

1. 培养学生的文化感知力

注重跨文化交际研究，教师在英语教学中有意识地向学生传授一些文化背景知识，可以使学生更全面地了解西方国家的实际情况，进而在适当的场合使用准确的语言表达自己的观点。此外，教师不断地向学生介绍一些英语文化背景知识和文化传统，可以让学生明白不同的文化、不同的语言具有不同的表达习惯和方式，可以提高学生对不同文化的感知力，增强跨文化交际意识和能力。

2. 培养学生对文化的敏感性

对于英语教学的任务而言，除了要进行英语基本知识和技能的传授外，还必须培养并增强学生对中西方文化差异的敏感性。对于这项能力，学生可以在课堂上借助教师对中西方文化差异的讲解和跨文化交际的研究而达到目的。

如果在英语课堂组织的对话活动中，教师仅关注学生语音、词汇和语法的准确性，忽视文化的差异性，就不利于学生语言运用能力的增强，学生也无法准确灵活地使用语言。例如：

A: You look so pretty today.

B: No. I don't think so.

对于这组对话，其语音、语法、词汇均没问题，但是如果考虑中西方不同的文化习惯，这种回答对英国和美国人来说是难以理解的，因为这不符合英语社会的文化性常规。假如教师在英语教学中以此为切入点，比较中西方文化差异，学生就能在潜移默化中提高对中西方文化差异的敏感性，进而在今后的英语交际中也能特别注意。

（三）发展批判性思维

在新的时代背景下，大学英语教学应该不断培养学生的批判性思维，让学生对本国文化加以反思，然后根据多元文化的有利条件，对文化背后的现象进行假设，确立自己的个人文化观念。

（四）树立多元文化意识

对世界文化多样性的了解，有助于人们建立多元文化的意识与观念。不同文化产生的背景不同，是不能相互替代的。基于全球化的视角，各个文化群体之间的交流也日益频繁，因此需要对异质文化予以理解与尊重，努力避免在交际过程中出现冲突。在新时代背景下的大学英语教学中，教师应该努力培养学生积极理解不同文化，让他们对自身文化有清晰的了解，同时以正确的心态对待他国文化，面对世界的多元化。

（五）为学生创造学习异质文化的机会

当中西方两种文化进行接触与了解时，不可避免地会遇到碰撞的情况，并且很多时候会让人感到不适应。因此，大学英语教师应该帮助学生避免这一点，让他们有更多的机会了解异域文化，提升自身的文化适应力。

（六）有利于满足社会对英语人才的需求

时代不同，社会对英语人才的需求存在差异，因此英语教学的模式也必然存在差异。近些年，随着全球化的推进，国与国之间的交往更为紧密，这就需要英语发挥中介与桥梁的作用。英语运用是否流利、准确，直接影响着交际能否顺利开展。21世纪对英语人才的需求更大、要求更高。因此，开展英语教学显得更为必要，其与21世纪的社会需求相符，也有助于培养高标准的英语人才。

第二节　大学英语教学的方法与原则

一、大学英语教学的方法

（一）交际教学法

二十世纪六七十年代，交际教学法出现在人们的视野中，且在当前的教学领域被广泛使用。语言是人们进行交际的工具，因此人们只有掌握了一门语言才能顺利地进行交际。A.P.R.豪厄特（A.P.R.Howatt）认为，交际教学法有强弱之分。[1]有"弱"当然就有"强"。"弱"的说法将交际视为教学的重点，"强"的说法侧重于把教学的重点放在交际过程的需要上面。如果"弱"的说法是"为学习而学习英语"，那么"强"的说法就是"为运用而学习英语"。

对于语言来说，获得语言与教学语言是两个不同的方面。语言的获得指的是

---

[1] 王亚敏，潘立鹏，李杏妹. 新时代高校英语课堂与生态教育融合路径研究[M]. 太原：山西经济出版社，2020.

学习者在自然状态下通过交际活动而间接掌握语言；而语言的教学则是教师直接向学生传授语言知识，然后学生通过在生活中运用知识而最终掌握它。这两者的共性在于学生最终都掌握了语言结构，但差异性在于交际能力所达到的程度是不一样的。假设一名学习者是通过语言的教学来掌握英语的，那么他的语言交际能力一般比不上在交际活动中获得知识的人。

1. 交际教学法的特点

（1）以交际为目的

教学是一个师生之间双向互动的过程。在这个过程中，教师和学生之间进行思想、感情、信息的交流。为了师生能够更好地交流，课堂气氛和活跃度应该达到一定的要求。教师应该为学生创造更多与教师互动的机会，充分调动学生的积极性，从而提高他们的口语交际能力。在师生课堂交际的过程中，教师只是课堂中的引导者，学生是课堂的主导者。要衡量英语课堂教学的质量，应当将师生在口语交际方面的双向互动看作重点，重视学生在课堂中用英语进行交际的次数和频率。只有在课堂中加入双向互动的环节，交际教学法才实现了原有的价值。

（2）发挥学生的主体性

教师在采用交际教学法进行教学时，应当重视学生的主体地位，以学生为主体设计教学目标，联系学生的生活实际，引导学生通过提高自身的学习积极性和主动性来把握口语交际的机会。

学生一旦成为知识的主体，就会在学习过程中掌握主动权，积极地学习英语知识。只有学生处于这一状态，他们才能在大量的口语交际中获得知识，提高能力，从而在未来阶段的学习中不断达到更高的要求。

（3）照顾学生的个体差异

由于基因遗传以及后天的影响，学生在性格、兴趣、思维、记忆等方面都有很大的差异。因此，学生在学习一门非母语的语言时，往往产生不同的学习效果。所以，教师应该根据不同学生的不同特征对教学方法和内容进行适当的调整。在交际教学法中，教师可以较好地照顾到每名学生的水平和特征。

2. 交际教学法的实施

（1）创设良好的课堂气氛

交际教学法要求教师把知识的讲解和激发学生的兴趣有机结合。一方面，教师可以准备更加丰富多彩的词汇教学资源，有利于吸引学生的注意力；另一方面，教师可以利用信息技术使教学资源的呈现方式更加有趣，如与图片、视频、动画等结合起来，这样就大大提高了教学效率。

在教学过程中，教师一定要让学生学会用英语思维去表达自我，从而进一步激发他们学习英语的热情。英语教学最终的目的也是为了使学习者能够学以致用，在之后日常交际中能够充分地表达自己。所以在课堂中，教师应该尽可能地为学生提供这样的机会，从英语听、说、读、写几个方面同时入手，全面提高学生学习能力。

随着学生语言输出能力的提高，他们运用英语进行日常交际的信心就增加了，从而增加了学习英语的兴趣。教师也可以通过词汇抢答游戏和PK比赛等来检测学生的课前学习情况，这也同时帮助学生记忆了词汇知识，从而既避免了学生"浑水摸鱼"又活跃了课堂气氛，有利于提高学生的学习兴趣。

（2）呈现交际多样性

教师在课堂上可以通过在英语课堂教学中融入角色扮演、情景模拟等方式，充分尊重学生的教学主导地位，让他们在亲身参与中不断提高口语交际能力和英语运用水平。情境创设是教师将教学目标加以外化，形成一个学生能够接受的情境。但是，很多教师在创设情境时，往往忽视了其基本的教学目标，导致教学中很多情境与教学目标无关，让学生对教学目标难以把握，因此教师在创设情境的时候，必须对教材进行认真研究，理解每一单元教学的重难点，然后紧扣教学目标，创设情境。简单来说，创设的情境要与教材的特点相符，凸显重难点，从而促进大学生的英语学习。

在课外，教师可以通过在学习管理系统中开辟一个专门的讨论区，或借助专门的在线交流工具，以课外学习内容为主题与学生展开交流和讨论。讨论主题既可以是教师预设的，也可以由学生创设。这样，一种师生在线辅导和生生自组织学习的学习模式就形成了。借助这种学习模式，学生和教师之间可以进行深度的交流，从而提高学生的口语交际能力以及参与课堂的积极性。

（二）任务型教学法

任务型教学法又称作"任务型教学途径"，是一种基于任务展开的教学方法与形态。在大学英语课堂教学中，任务型教学法非常常见，是教师预设任务并引导学生用所学对任务进行完成的一种教学形态，是提升学生语言运用能力的一种重要手段。从学生学习英语的目的与特点出发，我国大学英语课堂教学倡导采用任务型教学法，让学生基于教师的指导，通过体验、感知、参与、实践等，实现任务的目标。

1. 任务型教学法的基本步骤

任务型教学法将任务的完成作为主要教学活动，让学生通过完成任务来习得语言。一般来说，任务型教学法具有如下几个特点：

其一，任务主要包含的是真实的语言运用过程。

其二，学生要自主地完成教师要求的任务，并对任务的交际性结果予以明确。

其三，强调学生要通过自主学习、合作学习等途径来完成任务。

在实际的操作中，任务型教学法一般包含三个步骤，三个步骤给予了明确的任务，教师首先为学生布置任务，并提供具体的条件；指导、执行任务，并辅助学生解决在任务执行过程中遇到的一系列问题；组织学生对任务加以展示与汇报，最后给予评价，并布置新的任务。通过这些任务的完成，学生可以不断体验到语言学习的快乐，并真正地习得语言知识与技能。

2. 任务型教学法的设计方式

任务型教学法将语言任务作为学生学习的目标，对任务完成的过程就是学生学习语言的过程。任务型教学法设计的核心在于：将人们在生活中运用语言来从事的各项活动，引入到具体的课堂中，进而帮助学生实现语言学习与日常生活的结合。因此，如何对任务进行设计是任务型教学法能否实施的关键。

简单来说，教师在设计任务时应该着重考虑学生的"学"，让学生具有明确、清晰的学习目标。具体来说，主要从如下几个层面着眼：

（1）设计真实意义的任务

所谓真实意义的任务，即与现实生活贴近的任务。在教学中，教师所设计的任务应该是对现实生活的演练与模拟，学生通过完成这些任务，不仅能够掌握具体的语言知识与技能，还能够将这些能力运用于具体的生活中。

（2）设计符合学生兴趣的任务

大学阶段是学生发挥兴趣与特长的重要阶段与关键时期，因此教师在设计具体的教学任务时，应该从他们的心理与年龄特征出发，设计出与他们的兴趣相符的任务，并且内容也要具有新颖性。例如，以师生互动、生生互动的形式进行角色扮演或开展演讲等。

（3）设计能够输出的任务

教师设计的任务应该是真实的，是与学生的语言水平相符的输出活动。也就是说，任务需要以"说、写、译"这些"语言输出"的形式进行呈现。

教师在设计任务时，最重要的一点是需要考虑学生在任务完成的整个过程中能否自然地运用英语。当然，完成任务并不是任务型教学法的主要目的，而是要求学生在完成任务的过程中习得英语。英语课程就是要让学生逐步内化英语知识，这就需要教师在设计任务时，应该让学生通过完成任务自然地掌握英语知识，内化英语知识和习得英语技能。

3. 任务型教学法设计的基本要求

当然，任务型教学法在设计时应该注重以学生作为中心，以学生作为主体。一般来说，需要做到如下三点：

（1）分清"任务"与"练习"的区别

当前，很多教师在设计任务型教学课程时，由于未分清楚"任务"与"练习"的区别，导致很多任务型教学课程只是课堂练习。事实上，任务型活动与课堂练习有着本质的区别，任务型教学活动不是对语言进行机械的训练，而是侧重于学生在完成任务的过程中对学生自主能力与学习策略的培养，重视学生在任务完成过程中获得的经验。

只有通过真实的任务，才能保证学生获得有意义的语言输出，才能让学生真正地学会获取、使用信息，用英语与他人展开交流与合作。

（2）准确把握任务的度与量

任务的难易度与数量要与学生的英语水平相符合，因此教师在设计任务时应该根据"最近发展区"的原理，既不能对教学要求予以降低，也不能超过学生的英语能力与水平。

教师在进行教学活动之前必须要确定学生发展的"两个水平"。第一个水平是学生现有的发展水平，是学生通过先天性或者偶然性自然成长所形成的稳定的内部心理机能，在独立解决问题时会表现出来。第二个水平是学生潜在的发展水平，是还在发展的内部心理机能，也是儿童在成人的指导下或与同伴合作的情况下所表现出来的解决问题的能力。最近发展区就是这两个水平之间的差距，是学生可能的发展区域。

该理论指出，教育者必须准确了解学习者目前的能力水平，并且为学生找到潜在发展水平，确定最近发展区，设计教学过程，引导学生走向更高的潜在发展区。该理论确立了教学在学生成长过程中不可替代的先导性作用。学生的最近发展区是一个动态变化的区域，向第三个区域——未来发展区不断移动。

（3）注重教师的多重任务

虽然英语课堂强调以学生为主体，但是在实施中，教师的作用也不能忽视。也就是说，教师在教学中也需要发挥主导作用。一般来说，在任务型教学法中，教师需要承担如下几项任务：

其一，设计与学生水平相符合的真实的任务。

其二，为学生提供完成任务的材料，并从旁辅助学生。

其三，对学生的输出提供帮助。

其四，对学生的输出结果给予反馈意见。

任务型教学以学生使用英语完成任务作为中心，学生是任务的沟通者，也是语言的交际者。教师不仅是教学任务组织者、参与者、帮助者，还需要对课堂加以控制，并对结果给予评价。如果教师将任务交给学生之后，就作为一个旁观者，那么这样的教学效果是不容乐观的。总而言之，教师在任务型教学中要发挥好自己的多重责任。

需要指出的是，任务型教学法在当前的大学英语教学中广泛应用，但是由于受各种因素的影响，如任务难度难以把握、英语环境常常缺失、大班教学现象、师资力量不足等情况，导致当前的任务型教学法仍旧存在明显的问题。因此，在以后的大学英语教学中，教师应该不断积极学习与研究，认真开发与利用，争取让任务型教学法在大学英语教学中发挥出更大的作用。

（三）产出导向型教学法

1. 产出导向法的理论体系

（1）教学理念

产出导向法是以学生为中心来展开教学活动的。该教学法秉承学用一体的教学理念，通过设计教学内容来达成产出任务。在英语课堂上，教师要遵循全人教育说的理论观点，以知识重点和育人要点为导向，组织学生深入参与整个教学活动，全面培养学生在理论、实践、思维、跨文化交际等方面的素养。产出导向法教学颠覆了传统以教师为核心的育人格局，强调凸显课堂教学的实质价值和意义，以学生的全面健康成长为根本，对教学形式、教学流程、教学内容进行重新设定。

（2）教学假设

教学假设主要涉及输出驱动、输入促成、选择性学习三个方面。教师基于具有不同任务和主体的实践活动，将英语词汇、语法等知识内容传授给学生。学生对这些知识内容有了深入的理解后可以借助原有知识体系有选择性地进行知识运用和语言加工，在明确的任务要求下按照自己的理解输出知识内容。教学假设在产出导向法理论体系中具有重要的地位，决定着整个教学工作的完成质量和学生的学习效果。教师要重视信息输入和输出的有效性和合理性，引导学生深度参与教学活动并获得有效反馈。

（3）教学流程

实施产出导向法的主要流程包括设计、驱动、促成、评价，实施主体为教师，实施内容为向学生传输具有系统性和有效性特征的知识内容。教师在驱动环节要把握好学生语言输出时的精确度和流畅度，注重学生对学习效果的反馈，及时进行自我客观的审视。在教学评价方面，教师也要做到引导学生以端正和积极的态度去审视自身与他人的差距。大学英语教师在进行英语课堂教学时，要注意教学过程中的"输出驱动假设"，打造一个具有新颖性和符合实际的训练情境来提升学生的语言技能，突出产出导向法的特点和优势。

（4）教学原则

在大学英语课堂中使用产出导向法进行教学，需要坚持学生的中心地位，以完成任务为导向，遵守教学基本原则。在进行语言教学时，教师应当把握好教学素材与人物场景的融合度和教学任务的科学性，将学生的主体作用最大限度地发挥出来。以学生为主体的表现包括，选择合适的教学素材、进入恰当的教学情境、根据学生的问题反馈优化教学流程和手段等。大学英语教师为了达到有效教学的目的，应当在学生学习口语表达和翻译方面提供帮助，促进学生有高质量的输入和产出。

2. 基于产出导向法的大学英语课堂设计

（1）精选大学英语课堂实践教学的目标词汇

大学英语课堂的实践教学以输出驱动为手段，以教学内容为根基，精心选择具有代表性的、常用的目标词汇，促进学习任务的有效性。在开始大学英语教学之前，教师应当设计好教学流程，首先就是根据英语教学大纲明确具体的教学任务，再按照"先输入，后输出"的原则推进基础性的英语教学活动。教师精选大学英语课堂实践教学目标词汇的原因在于驱动学生将重要的英语词汇输入到教学活动中，通过对语言知识的加工，找到产出的目标和方向，进而完成高质量的产出。教师应当重视对目标词汇的选择，通过使用产出导向法这一教学方法开展大学英语课堂实践活动，让学生了解目标词汇的语义和词义，提高自己的英语书面表达和口语表达能力，夯实自身理论基础。

（2）驱动学生对英语词汇词义深度理解

教师在使用产出导向法进行课堂教学时，要引导学生积极完成英语词汇的听写任务，将与掌握词汇词义程度或学习有关的问题详细做好标记，为自己二次学习词汇语义和含义打好基础，完善自己的词汇使用方法。在输入与驱动环节时，教师要对目标词汇的上下词义进行细致讲解，还要重视对派生词这一类词汇的教学，引导学生合理运用目标词汇，掌握扩展短句、固定短句、词汇搭配规则、惯用句型使用方法等方面的知识，将理论知识深度融合学习任务中，促使学生真正掌握目标词汇的词义和使用方法，夯实任务产出基础。学生在大学英语课堂中应该积极主动地完成每一个教学环节的任务，避免出现拖沓的情况，在教师的有序推进下按照课堂节奏完成基于教学任务设计的教学流程。

（3）要求学生在故事场景中串联词汇

完成产出任务的有效手段之一就是根据故事场景串联英语词汇。只有设计故事场景包含了设定场景、安排任务、选择主题几个环节，才能有效串联目标词汇。教师确定好目标词汇后，要设计不同的任务场景并完成实践，保证词汇在该场景下的正确词义和表述内容完整，还可以引导学生利用这些词汇用自己的话语讲述故事梗概。使用该方法能有效衔接输入与输出间的环节，全面提升学生的理解、表达、联想、语言加工等能力，使以产出导向法为手段的教学内容更加有价值、有意义。通过教学内容与教育对象的已有认知结构的有效融合，学生可以对编写故事或讲述故事进行选择性加工，将知识进行有效的迁移和输出，串联目标词汇，保证故事的灵活性与智慧化，在有效的故事场景中以讲故事的形式完成词汇产出。

（4）促成学生掌握英语交际和表达规则

教师为学生提供优质的深入材料能促成产出导向教学的实现。将目标词汇作为基本，扩充和丰富教学内容；根据学生编写故事和讲述故事的基本能力将有关语言交际的重要素材与目标词汇相融合；将讲解词汇转化为例句实训，全面培养学生的英语核心素养。通过教师对语言环境的构建，促进语言知识与文化的科学融合，打造具有开放性和跨文化特征的语言交际环境，培养学生的例句操练能力和跨文化交际能力。在推动和辅助学生进行深度选择性学习时，可以采用角色表演和主题辩论的方式，有效激发学生产生跨文化意识，在词源、例句、国际规则等方面形成正确认知，进而掌握关键的英语交际和表达规则。

（5）对产出导向结果实现多元化评价

评价产出导向结果的方式有多种，但都是基于对教学过程和教学问题的科学诊断才能实现评价的。产出导向结果可以反映学生在任务完成质量、能力缺陷、学习动机、学习态度等方面的表现，保障教师在评价过程中的全面性、客观性和公正性，还能带给教师优化英语学习计划的空间。同时，教师在评价过程中能引导学生意识到自己的问题，从而完善自身不足、弥补自身短板。除此之外，教师和学生能出于自身角度对大学英语产出导向教学模式进行审视和分析，复盘整个教学流程，对自己的优势和不足有更进一步的了解，实现对教学流程的优化调整。比如，教师可以引导学生自主优化所编写的故事；按照小组形式对所有故事进行评价和打分；评选出最优秀的故事、最佳讲述者，驱动学生的学习积极性。

二、大学英语教学的原则

（一）思想性原则

英语教学要从学生的实际出发，根据学生身心发展的特点和学生的认知规律，紧贴学生生活选取教学材料、设计教学活动。教学材料和教学活动不仅要有利于学生学习语言知识，形成语言技能，还要有利于学生良好性格和健全心理的形成与发展。

思想性原则还要求教师要把中国文化渗透到大学英语教学中，让学生对中外文化差异有更深层次的了解，将中国优秀传统文化融入爱国主义教育中，增强学生的世界意识，获取外国文化的精华，提升学生对文化的鉴别能力，树立民族自尊心、自信心和自豪感，促进学生形成正确的人生观和价值观。

（二）互动性原则

根据生态的基本观点，任何事物都处于一定的关系中，学校是教育生态系统的子系统，在学校这个子系统中，教师与学生作为其中的两个因子相互作用与交织。教师与学生之间是一种以学生最终的发展为目的而联系在一起的共生关系。教学过程中信息的传递是相互的、双向的。如果教师与学生之间的互动保持相对平衡性、有序性，那么他们能有效发挥各自的作用，进而实现和谐统一发展。如果教师和学生之间的互动被打破，那么教育要素之间的平衡也会被打破，这不仅会损害师生自身的发展，也会损害整个学校甚至整个教育的发展。师生之间的交流与沟通是一个连续不中断的过程，在不断的动态变化发展中寻找平衡点。教师不断提高自身的教学水平与理论水平，从而应用到实践教学中，促进学生的可持续发展。学生获得的成绩也体现了教师的价值，并且是对教师的一种鼓励。因此，在大学英语教学中，师生之间是一种相互依存、共同发展的关系。

（三）情境性原则

课堂教学环境对于教学活动的顺利开展有着很大的影响。大学生的注意力有限，大学英语教师应该注意课堂教学环境的建设。一般来说，课堂教学环境分为人文环境、语言环境、自然环境。

1. 人文环境

人文环境主要通过师生之间的情感交流与互动氛围体现出来，它是一种隐性的环境。大学生缺乏人际交往经验，所以大学英语教师应该在营造人文环境方面起主导作用。教师要通过倡导师生之间的平等交流以及歌曲、游戏、表演等方式来营造一种自由、开放的人文环境，打开学生的心灵，促进学生的英语学习。

2. 语言环境

根据认知发展心理学，大学生需要借助具体事物来辅助思维，不容易在纯粹语言叙述的情况下进行推理，他们只能对当时情境中的具体事物的性质与各个事物之间的关系进行思考，思维的对象仅限于现实所提供的范围，他们可以在具体事物的帮助下顺利解决某些问题。语言与认知的发展是相互促进的。个体语言能力是在个体与环境相互作用的过程中逐渐发展起来的。语言环境对于外语学习非常重要，而中国学生英语语言环境很少，因此大学阶段的英语教学应该创设具体、直观的语言环境。为此，教师要充分利用电视、录像、录音、幻灯等教学手段，设计真实的语言交流环境，使学生在使用语言的过程中学习与掌握语言。

3. 自然环境

课堂教学的自然环境主要指课堂中教学物品、工具的呈现方式。其一，要求教师与学生之间进行更加亲近的交流，教师应该设置开放的桌椅摆放方式，应该摒弃那种教师高高在上、学生默默倾听的桌椅摆放方式。其二，要求教室的布置应该取材于真实的生活场景，这不仅拉近了学生对教师课堂教学的距离，使得学生更容易理解英语，也有助于创造英语语言交流的环境。

（四）融合性原则

语言与文化是统一的。在英语教学中，文化主要包含母语文化与英语文化。所谓融合性原则，是指教师在英语教学中要重视文化的导入与渗透。学生对文化的了解，可以促进他们对语言知识的掌握。同时，学生掌握语言知识又可以促进他们对中外文化的了解。因此，在大学英语教学中必须要对学生进行文化导入。具体来说，文化导入主要有如下几点方法：

1. 比较

有比较就有结果。只有在比较中，事物的特性才会表现得更加明显。经过不同的历史轨迹，中西方国家在长时间的历史积淀中形成了不同的文化。因此，在文化教育中，教师可以通过母语文化与英语文化的对比，让学生更加深刻地认识母语文化与英语文化。在跨文化交际中，学生可以提高自身的文化敏感性，会更加重视文化对交际的影响，从而减少甚至避免文化差异引起的交际冲突。例如，问别人的行程和年龄在中国是很正常的事情，但是在西方却是对其隐私的侵犯。

2. 外教

外教不仅可以提升学生的英语学习兴趣，还能够促进学生跨文化交际能力的提高。外教作为异域文化的成员，能够引起一些学生的好奇心，这些学生在与外教接触和交流的过程中增强了对英语口语表达的信心，能收获国外的社会文化背景知识,还能真正提高英语文化敏感度与英语交际能力。另外,学校可以定期利用外教组织英语角,这样就为学生创造了真实的英语语言环境,有助于学生英语听力与口语能力的提高。

第三节　大学英语教学的内容

一、教授语言知识

众所周知,想要掌握一门语言,必须熟悉这门语言的语音、语法、词汇、语篇、句法、功能等知识,这对于英语学习而言同样也不例外。大学生掌握英语这门语言的前提就是学习这些知识,将这些基础知识牢牢把握好,并在此基础上提升自身的语言综合运用能力。中国学生想要学好英语,就必须要形成英语思维,并利用英语思维学习英语,如此才能取得事半功倍的效果。

二、教授语言技能

大学生在学习英语的过程中,最基本的是掌握英语基础知识,同时还要在语言知识的基础上掌握更多的语言技能,包括听、说、读、写、译。其中,听力技能的掌握可以帮助学生识别、分析、理解话语含义,提升自身的听力能力。口语技能的掌握主要是为了提升自身的语言输出以及表达思想的能力。阅读技能主要在于培养自身的辨认、理解语言知识内容的能力。写作技能是让大学生可以利用书面表达来输出自己的思想、表达自己的看法。翻译技能则是学生英语综合运用能力的一种体现,不仅涉及语言知识的输入,而且涉及语言知识的输出。

听、说、读、写、译是高校学生英语综合运用能力的基础,通过这五项技能的训练,可以让学生在具体的实践中做到得心应手。

三、教授文化知识

语言与文化密不可分,学习一门语言,必然离不开对该门语言背后的文化的学习。一旦语言教学离开了文化教学的底蕴,那么这种语言教学也就不再具有思想性和人文性的特点了。所以,教师在教授学生学习英语的过程中,一定要引导学生了解语言背后的文化知识,如英语所在国家的地理、人文、习俗、生活、社会、风土、人情等。

在具体的教学中,教师有两点需要引起注意。首先,教师讲授文化知识需要依据学生的心理发展以及认知能力,在此基础上循序渐进地导入文化知识,逐步培养大学生的文化素养,拓宽他们的眼界。其次,教师引入西方文化知识时要有选择性,不能盲目引入,避免学生形成崇洋媚外的心理。

四、传达情感态度

在培养学生的兴趣、动机、自信、意志、合作等精神时,会出现影响情感态度的因素,从而影响学生的学习过程和学习效果,还会影响学生在学习过程中逐渐形成的国际视野。学习英语的关键在于保持学生学习的积极态度,这就要求教师在教学过程中要重视影响学生学习兴趣的因素,引导学生将学习兴趣转化为学习动机,树立学生自信心,磨炼学生克服困难的意志,塑造学生健康向上的品格。

五、提升文化意识

想要提升文化意识,就要学习语言知识,二者缺一不可。在英语教学中,文化与语言相辅相成,文化包括历史地理、风土人情、传统习俗、生活方式、文学艺术、行为规范、价值观念等,是基于国家所学语言形成的,语言则具有丰富的文化内涵。接触和了解使用英语作为语言的国家的文化,能够促进学生对英语的理解和使用,培养学生的世界意识。教师在教学中应根据学生的年龄特点和认知能力来扩展文化知识的内容和范围。

第四节 大学英语教学的理论基础

一、语言本质理论

(一)言语行为理论

奥斯汀(Austin)的言语行为理论首次将语言研究从传统的句法研究层面分

离开来。奥斯汀从语言实际情况出发，分析语言的真正意义。言语行为理论主要为了回答语言是如何用之于"行"，而不是用之于"指"的问题，体现了"言"则"行"的语言观。奥斯汀首先对两类话语进行了区分：表述句（言有所述）和施为句（言有所为）。在之后的研究中，奥斯汀发现两种分类有些不成熟，还不够完善，并且缺乏可以区别两类话语的语言特征。于是，奥斯汀提出了"言语行为三分说"，即一个人在说话时，在很多情况下会同时实施三种行为：以言指事行为、以言行事行为和以言成事行为。[①]

首先是表述句和施为句。

其一，表述句。以言指事，判断句子是真还是假，这是表述句的目的。通常，表述句是用于陈述、报道或者描述某个事件或者事物的。例如：

East or west, Guilin landscape is best.

桂林山水甲天下。

He plays basketball every Sunday.

他每周日都打篮球。

以上两个例子中，第一个是描述某个事件或事物的话语，第二个是报道某一事件或事物的话语。两个句子都表达了一个或真或假的命题。换句话说，不论它们所表达的意思是真还是假，它们所表达的命题均存在。但是，在特定语境中，表述句可能被认为是"隐性施为句"。

其二，施为句。以言行事是施为句的目的。判断句子的真假并不是施为句表达的重点。施为句可以分为显性施为句和隐性施为句。其中，显性施为句指含有施为动词的语句，而隐性施为句则指不含有施为动词的语句。例如：

I promise pay you in five days.

I'll pay you in five days.

这两个句子均属于承诺句，它们的不同点是：第一个句子通过动词 promise 实现了显性承诺，而第二个句子在缺少显性施为动词的情况下实施了"隐性承诺"。

总结来说，施为句主要有以下几个特点：

第一，主语是发话者。

---

① 文健. 语用学引论 [M]. 昆明：云南大学出版社，2016.

第二，谓语用一般现在时第一人称单数。

第三，说话过程非言语行为的实施。

第四，句子为肯定句式。

隐性施为句的上述特征并不明显，但能通过添加显性特征内容进行验证。例如：

学院成立庆典现在正式开始！

通过添加显性施为动词，可以转换成显性施为句：

（我）（宣布）学院成立庆典现在正式开始！

通常，显性施为句与隐性施为句所实施的行为与效果是相同的。

其次是言语行为三分法。奥斯汀对于表述句与施为句区分得不严格以及其个人兴趣的扩展，很难严格区分"施事话语"和"表述话语"，于是提出了言语行为的三分说：以言指事行为、以言行事行为和以言成事行为，分别是：指"话语"这一行为本身即以言指事行为、指"话语"时实际实施的行为即以言行事行为、指"话语"所产生的后果或者取得的效果即以言成事行为。换句话说，发话者通过言语的表达，流露出真实的交际意图，一旦其真实意图被领会，就可能带来某种变化或者效果、影响等。

言语行为的特点是发话者通过说某句话或多句话，执行某个或多个行为，如陈述、道歉、命令、建议、提问和祝贺等行为。并且，这些行为的实现还可能给听者带来一些后果。因此，奥斯汀指出，发话者在说任何一句话的同时应完成三种行为：以言指事行为、以言行事行为和以言成事行为。例如：

我保证星期六带你去博物馆。

发话者发出"我保证星期六带你去博物馆"这一语言行为本身就是以言指事行为。以言指事本身并不构成言语交际，而是在实施以言指事行为的同时，也包含了以言行事行为，即许下了一个诺言"保证"，甚至是以言成事行为，因为听话者相信发话者会兑现诺言，促使话语交际活动的成功。

在奥斯汀之前的实证哲学家都认为，句子只能用于对某种情况、某种事实加以描述与陈述，因此认为其只适用于正确或错误的价值，但是言语行为理论明确指出话语在现实中有着行事的能力，其不仅强调发话人的主体作用，也强调听话人的反应，因此其在英语教学中有着重要的意义。

对于教师而言，言语行为理论的核心在于以言行事或以言成事，强调的是语言应该用于具体的实践中，语言研究的重点应该是语言运用，而不是语言形式或句法关系。这一理论为英语教学注入了新活力，也给予教师一些教育方法方面的启示。在具体的英语教学中，作者认为，可以将言语行为理论很好地融入进去，转变教师的角色，即教师应该从主导者转变成组织者或参与者，让学生能够积极主动地参与其中，同时这一理论要求教师在授课中应该做到题材、体裁广泛，内容具有新颖性，并将跨文化背景知识融入其中，这样才能更好地让学生在知识、技能以及文化素养层面有所进步。

对于学生来说，言语行为理论有助于他们第二语言的学习。众所周知，英语具有很强的实践性，大学教育的特点也是以培养能力作为中心，立足于实用与能力，因此英语教学培养出的学生也必须符合社会的需要。而言语行为理论恰好与之相符，以这一理论为指导，学生才能不断参与实践，在实践中求得进步，充分调动他们自身的主观能动性。

（二）会话分析理论

要想了解会话含义，首先需要弄清楚什么是含义。从狭义上说，有人认为含义就是"会话含义"，但是从广义角度上说，含义是各种隐含意义的总称。含义分为规约含义与会话含义。格赖斯认为，规约含义是对话语含义与某一特定结构间关系进行强调，其往往基于话语的推导特性产生。

会话含义主要包含一般会话含义与特殊会话含义两类。前者指发话者在对合作原则某项准则遵守的基础上，其话语中所隐含的某一意义。例如：

（语境：A 和 B 是同学，正商量出去购物）

A: I am out of money.

B: There is an ATM over there

在 A 与 B 的对话中，A 提到自己没钱，而 B 回答取款机的地址，表面上看没有关系，但是从语境角度来考量，可以判定出 B 的意思是让 A 去取款机取钱。

特殊会话含义指在交际过程中，交际一方明显或者有意对合作原则中的某项原则进行违背，从而让对方自己推导出具体的含义。因此，这就要求对方有一定的语用基础。

提到会话含义，就必然提到合作原则，其是对会话含义的最好的解释。合作原则包括下面四条准则：

其一，量准则，指在交际中，发话者所提供的信息应该与交际所需相符，不多不少。

其二，质准则，指保证话语的真实性。

其三，关系准则，指发话者所提供的信息必须与交际内容相关。

其四，方式准则，指发话者所讲的话要清楚明白。

二、语言学习理论

（一）行为主义学习理论

行为主义学习理论源自著名生理学家巴甫洛夫的"条件反射"这一概念。受巴甫洛夫的影响，很多学者对行为主义理论展开分析和探讨，重要的学者主要有以下两位：

美国著名的心理学家约翰·华生（John Broadus Watson）创立了行为主义学习理论。20世纪初期，他提出了采用客观手段对那些可以直接观察到的行为进行研究与分析的看法。在他看来，人与动物是一样的，任何复杂的行为都会受到外界因素的制约与影响，并往往需要通过学习才能将某一行为获得，当然在这之中，一个共同的因素——刺激与反应是必然存在的。基于此，华生提出了著名的"刺激—反应"理论，这一著名的行为主义心理学公式可以表示如下：

S-R，即 Stimulus—Response。

美国学者斯金纳在华生行为主义学习理论的基础上，进行了深入的研究与探讨。在斯金纳看来，人们的言语及言语中的内容往往会受到某些刺激，这些刺激可能是来自内部的刺激，也可能是来自外部的刺激。通过重复不断的刺激，会使得效果更为强化，使得人们学会合理利用语言相对应的形式。在这之中，"重复"是不可忽视的。

行为主义学习理论在实际教育中的应用很普遍。例如，在课堂教学中，对于认真听讲的学生，教师会不吝表扬，这部分学生受到表扬后会保持认真听讲的态度与行为，而不认真听讲的学生为了可以受到表扬，也会转变学习态度，认真听讲。事实上，让上课不认真听讲的学生变得认真是教师表扬上课认真听讲的学生的主要目的。下面简要归纳行为主义学习理论的基本观点：

第一，学习是刺激与反应的联结。

第二，学生的学习过程是尝试错误的渐进过程。错误在学习中难免会出现，对此要正确看待。

第三，表扬、批评等强化手段是影响学习的重要因素。

对于英语教学而言，行为主义学习理论有着重要的指导意义。具体而言，主要体现为以下几点：

①即时反应：位于刺激后的反应，二者有着较长的间隔，反应会逐渐淡化。

②重视重复：通过重复，能够加深学生对知识的记忆程度，从而使行为发生得更为持久。

③注意反馈：教师应该让学生明确反应是正确的反应还是错误的反应，然后给出具体的反馈。

④逐步减少提示：减少学生的学习条件，然后期待学生朝着理想的程度发展。

总之，行为主义学习理论促进了视听教学、程序教学及早期CAI的发展。但是，行为主义学习理论也存在着一些缺点和不足：它是对人类学习的内在心理机制的完全否定，将动物实验的结果直接生搬硬套地推到人类学习上，忽视了人类能够发生主观能动作用，其实是走向了环境决定论和机械主义的错误方向。

（二）认知主义学习理论

认知主义学习理论认为，学习个体本身会对环境产生这样或那样的作用，大脑的活动过程能够向具体的信息加工过程转化。

人要在社会上生存，必然要与周围环境互相交换信息，作为认知主体的人也会与同类发生信息交换的关系。人是信息的寻求者、形成者和传递者，从一定意义上来讲，人的认识过程也就是信息加工的过程。

认知学习理论的基本观点为：在外界刺激和人内部心理过程的相互作用下才形成了人的认识，而不是说只通过外界刺激就能形成人的认识。依据这个理论观点，可以这样解释学习过程，即学生从自己的兴趣、需要出发，将所学知识与已有经验利用起来对外界刺激提供的信息进行主动加工的过程。

从认知学习理论的基本观点来看，教师不能简单地将知识灌输给学生，而要将学生的学习动机激发出来，对学生的学习兴趣进行培养，使学生能够将已有的认知结构和所要学的内容联系起来。学生主动选择与加工外界刺激提供的信息，不再使学习具有被动性和消极性。

认知主义学习理论认为，影响学生学习的因素中，学生自身已有的认知结构具有非常重大的影响，在教学中应将教学内容与教学结构直观地展示给学生，让学生对各单元教学内容之间的相互关系有深入了解。

（三）建构主义学习理论

行为主义学习理论和认知主义学习理论都认为世界是实在的、有结构的，人类可以认知这种结构，对客观实体及其结构的反映是人类思维的主要目的。

建构主义学习理论认为个体与外部环境的交互作用使得知识得以产生，人们会从自己的已有经验出发来理解客观事物，每个人对知识都有自己的理解和判断。

行为主义学习理论、认知主义学习理论和建构主义学习理论对知识的观点不同，这是它们之间的本质区别。

客观主义学习理论主张"灌输知识"，这是错误的。给学生准确传递知识是教学的主要任务，知识作为具体"实体"，它的存在具有独立性，而不依赖于人脑，人要真正理解知识，首先要将知识完全"迁移"到大脑中，并使其进入内心的活动世界。

每个人都可以按照自己的认知与想法来理解客观存在的世界，并赋予其一定的意义。建构现实或解释现实是建立在主观经验基础上的。每个人都用自己的头脑创建了经验，因为各有各的经验，所以对客观世界的理解也会产生一定的差异。建构主义学习理论更加注重知识建构过程中对原有经验和心理结构的有效利用。

建构主义学习理论认为，学生基于一定的情境环境，采用主动参与和他人帮助相结合的方式，按照意义建构的框架来获取知识，而不是通过教师传授得到知识的。

建构主义教学理论则要求教师在学生主动建构意义、获取知识的过程中起到帮助和促进的作用，而不是给学生简单灌输和传授知识。因此，在教学过程中，教师首先要转变教育思想，改革教学模式。学生是在一定的学习环境下获取知识的，学生在获取知识的过程中需要主观努力，也需要他人帮助，而且也离不开相互协作的活动。建构主义学习理论要求学生获取知识的学习环境应具备情境创设、协作、会话、意义建构等基本属性或要素，下面具体分析这四个基本要素。

学习环境中必须要有对学生意义建构有利的情境。在建构主义学习环境下，教师要基于对教学目标的分析与对学生建构意义的情境创设问题的考虑而设计教学过程，并在教学设计中把握好情境创设这个关键环节。

在学生的整个学习过程中都离不开协作，如学生搜集与分析学习资料、提出和验证假设、评价学习成果及最终建构意义等都需要不同形式的协作。

在协作过程中，一个重要的环节就是会话。学习小组要通过会话来完成对学习策略的构建，有利于学习任务的顺利完成。小组成员之间的协作学习也少不了会话的参与，在这个过程中，学生的学习资源包括智慧资源都是共享的。

在学习过程中，意义建构才是学习的最终目标。建构的意义指的是事物的本质、原理以及事物与事物之间的内在联系。教师引导学生进行意义建构，有利于学生对学习内容所反映的事物的本质、原理与其他事物之间的内在联系的深刻理解。

（四）二语习得理论

除了对第一语言习得的关注，心理语言学对第二语言习得也非常注重。所谓第二语言习得，即人们的第二语言的形成与发展的过程，其与第二语言学习有所不同，各有侧重。

作为一门独立的学科，二语习得理论真正形成于20世纪70年代。该理论的主要代表人物是美国南加州大学语言学系的教授斯蒂芬·克拉申（Stephen D.krashen）。克拉申是在总结自己和他人经验的基础上提出的这一理论。

二语习得理论于二十世纪六七十年代形成，主要对二语习得的过程与本质进行研究，描述学生如何对第二语言进行获取与解释。对于这一理论的研究，克拉申提出五大假设。

1. 习得—学得假说

所谓习得，指学生不自觉地、无意识地对语言进行学习的过程。所谓学得，即学生自觉地、有意识地对语言进行学习的过程。

2. 自然顺序假说

克拉申提出的这一假说主要强调语言结构的习得是需要一定的顺序，即根据特定的顺序来习得语法规则与结构。当然，这在第二语言习得中也适用。例如，克拉申常引用的词素习得顺序，如图 2-5-1 所示。

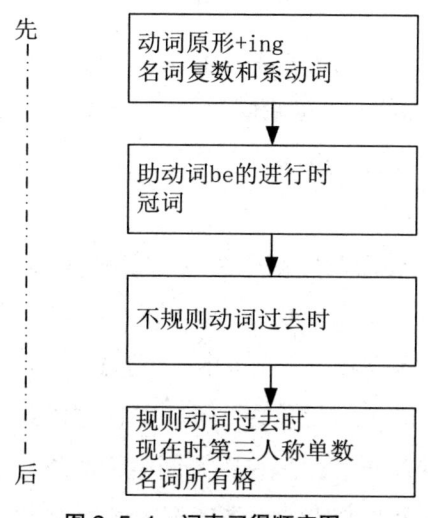

先
↓
动词原形+ing
名词复数和系动词
↓
助动词be的进行时
冠词
↓
不规则动词过去时
↓
规则动词过去时
现在时第三人称单数
名词所有格
↓
后

图 2-5-1　词素习得顺序图

将英语作为第二语言习得的过程中，人们对进行时的掌握是最早的，过去时是比较晚的，对名词复数的掌握是比较早的，对名词所有格的掌握是比较晚的。

3. 监控假说

克拉申的监控假说区分了习得与学得的作用。前者主要用于输出语言，对自己的语感加以培养，在交际中能够有效运用语言。后者主要用于对语言进行监控，从而检测出是否运用了恰当的语言。同时，克拉申认为学得的监控是有限的，受一些条件的影响和制约，具体归纳为以下三点：

第一，需要充裕的时间。

第二，需要关注语言形式，而不是语言意义。

第三，需要了解和把握语言规则。

在这些条件的制约下，克拉申将对学生的监控情况划分为以下三种：

第一，监控不足的学生。

第二，监控适中的学生。

第三，监控过度的学生。

4. 输入假说

克拉申的输入假设和斯温（Swain）的输出假设是从两个不同的侧面来讨论

语言习得的观点，都有其合理的成分，都对外语教学有一定的启示。输入假说的内容主要有以下几点：

其一，与习得有着紧密关系而非学得。

其二，掌握现有的语言规则是前提条件。

其三，i+1 模式会自动融入理解中。

其四，语言能力是自然形成的。

5.情感过滤假说

"情感过滤"是一种内在的处理系统，它利用被心理学家们称之为"情感"的因素来阻止学习者对语言的吸收，它是阻止学习者完全消化其在学习中所获得的综合输入内容的一种心理障碍。克拉申的情感过滤假说是指在第二语言习得中，将情感纳入进去。也就是说，自尊心、动机等情感因素会对第二语言习得产生重要影响。克拉申把他的二语习得理论主要归纳为两条：习得比学习更重要；为了习得第二语言，两个条件是必需的：可理解的输入（i+1）和较低的情感过滤。

三、需求分析理论

（一）需求分析的定义

需求分析有广义与狭义之分。广义的需求分析是指学习者除了自身的学习需求，还需要考虑单位、组织者、社会等其他方面的需求。狭义的需求分析仅涉及学习者个人自身的学习需求。

在国外，学者理查兹（Richards）等认为："需求分析是了解语言学习者对语言学习的需求，并根据轻重缓急的程度安排学习需求的过程。"[1] 总的来说，需求分析主要是为了了解学习者学习语言的原因、需要学习语言的哪些方面以及学到何种程度等内容。

在国内，学者陈冰冰认为："需求分析是通过访谈、内省、观察、问卷等方式对学习者的学习需求进行的调研，这种方法已经广泛应用于教育、经贸、服务、制造等行业中。"[2]

在语言教育领域，最早出现的需求分析是针对专门用途英语展开的。在专

---

[1] 程晓堂，孙晓慧. 英语教材分析与设计 [M]. 北京：外语教学与研究出版社，2011.
[2] 程晓堂，孙晓慧. 英语教材分析与设计 [M]. 北京：外语教学与研究出版社，2011.

门用途英语的学习中，学习者的学习需求主要表现在为了达到某些目标所需求的语言知识、语言技能而展开学习。后来，随着大学英语教学的深入发展，"需求"的应用范围越来越广泛，涉及语言、教材、情感等方面的人的需求、愿望、动机等。

（二）需求分析的对象

需求分析的对象包括以下四个方面：

第一，学习者。这主要包括学生以及其他有学习需求的学习者。

第二，观察者。这主要包括教师、教学管理人员、助教、语言项目的相关领导等。

第三，需求分析专家。这主要是指专业人员或者具有丰富经验的大纲设计教师等。

第四，资源组。这方面指的是能够提供学习者信息的人，如家长、监护者、经济赞助人等。

（三）需求分析的分类

一直以来，众多学者对需求分析展开了研究，不同学者对这方面的研究存在不同视角，自然所得出的成果也存在差异。同样，对于需求分析的内容，不同学者也提出了不同的看法。

学者哈钦森和沃特斯（Hutchinson & Waters）认为，需求分析包括目标需求、学习需求两个方面。[1]其中，目标需求指的是学习者在目标情景中所能掌握的可以顺利使用的知识、技能。另外，这两位学者又进一步将目标需求分为必备需求、所缺需求、所想需求。学习需求指的是学生为了掌握所需要掌握的知识内容所进行的一切准备活动。

学者布朗（Brown）认为，学习需求在内容上可以分为以下三类，他认为这种分类方式可以有效缩小需求分析的调查范围。[2]

（1）形式需求与语言需求。

（2）语言内容的需求和学习过程的需求。

（3）主观需求和客观需求。

---

[1] 黄萍. 博士文库 专门用途英语的理论与应用 [M]. 重庆：重庆大学出版社，2007.
[2] 程晓堂，孙晓慧. 英语教材分析与设计 [M]. 北京：外语教学与研究出版社，2011.

（四）需求分析的启示

需求分析理论对大学英语教学的启示主要体现在以下两个方面：

1. 提升教学设计的效果

通过需求分析得出的结果可以充分论证教学设计的必要性与可能性，使教师、学生以及教育工作者可以集中精力解决教学中的难点问题，从而有效提高教学的效率与质量。

具体而言，通过需求分析的结果，教师可以准确把握"差距"资料与数据，在此基础上设计教学的整体目标，需求分析结果可以作为设计教学整体目标中内容、目标、策略、效果等设定的依据。

因此，需求分析尤其是大学生学习需求分析的结果对于英语教学设计的成功以及后续工作的方向、成败具有至关重要的作用，需要引起教育者的高度重视。

2. 突出英语重难点

英语教学往往是在教学目标的指导下展开的，所以需要明确教学的重点与难点，如此才能有针对性地展开教学。可见，教学重难点是为整体教学目标提供服务的。

需求分析对于教学目标中重点、难点的确定是至关重要的。

在对英语教学目标从认知向非认知扩展的时候，也需要注意对重点和难点的相应扩展；在对教学重心从认知向非认知转移的时候，也需要注意对重点和难点的转移。

第三章 "互联网+"与大学英语教学的融合

本章为"互联网+"与大学英语教学的融合,对于"互联网+"与大学英语教学融合的背景、"互联网+"与大学英语教学融合的意义、"互联网+"与大学英语教学融合的特征、"互联网+"与大学英语教学融合的原则、"互联网+"与大学英语教学融合的影响因素进行了一定的分析。

第一节 "互联网+"与大学英语教学融合的背景

信息技术与课程整合是基础教育教学改革的一个新途径,一方面具有相对独立的特征,另一方面与学科教学也有着紧密的联系。对信息技术与课程进行整合,信息技术不但具有辅助教学的作用,还具有促进学生自主学习的作用,能够提高学生的认知程度,激励学生情感。通过信息技术所提供的自主探索、多重交互、合作学习、资源共享等学习环境,充分调动学生对学习的主动性和积极性,使学生的创新思维与实践能力在整合过程中得到有效的锻炼,这也是培养创新型人才必不可少的一个环节。然而,信息技术在英语教学中也存在误区。因此,信息技术与英语学科教学整合,要通过广大教师的实践探索、不懈努力,才能取得丰硕成果。

课程是一种进入教育领域的特殊文化,课程改革实际上是课程文化的变迁和创新。信息技术迅速崛起和普遍应用,正在导致从工业文化向信息文化的转换。这反映到教育领域,就集中表现为信息化课程文化的建构。在这一背景中加以观照,信息技术与课程整合的历史使命,无疑就是建构新型的信息化课程文化。从20世纪末到现在,以计算机和网络通信为核心的信息技术在社会各个领域得到广泛应用,同样也对中国的教育产生了巨大的冲击,英语教学也迎来了新一轮深刻的变革,传统教学的一张嘴,一支粉笔,一本课本和一块黑板已不再符合时代改革的要求。信息技术进入英语课堂已成为中国教育改革的必然，那怎样把信息技术与英语教学整合起来呢？怎样才能最大限度地发挥信息技术的优越性从而推动整个英语教学的发展呢？

一、信息技术在英语教学中的重要性日益突出

信息技术能给教学活动带来的成效是其他教学手段无法企及的。使用信息技术能有效调动学生学习的主动性和积极性，促使他们对学习产生探究欲望。教师在进行英语课堂教学时，可以适当地使用信息技术，减轻学生学习的被动性，从情感、思维和行为三方面引导学生展现自己的学习最佳状态，提升学生的心理发展水平，在学生主动学习的过程中提升自我素质。除此之外，学生还可以选择性地学习教学内容，因为信息技术扩大了课堂教学的范围，将全国甚至全球的信息内容摆在学生面前，给了学生探索世界的机会。有了互联网这一学习平台，学校可以设置校园网，与全国其他学校共享教学资源，形成伙伴关系。

信息技术在英语课堂上体现的作用还包括使用电子媒体将数字化的文字、图形、动画、图像、音频和视频等充分融入课堂教学内容中，使学生能接触到的信息资源更加多元化和具有丰富多样性。抽象的字母和符号能以图像、声音、语言等形式为学生展现出不一样的学习情境，培养学生的视听能力，让学生享受图文并茂、色彩纷呈、形象逼真、情趣盎然的多媒体图文影像环境。以这样的教学手段向学生传授知识内容，不但能激发学生学习的主动性，引起学生学习的兴趣，还能提升教学效果，巩固学生识记的知识。

二、信息技术在英语教学中得到了一定的运用

随着教育信息化的发展，采用信息技术这一认知工具，让学生在网络世界中学习，能有效地提升课堂生动性和师生互动程度。教师应当充分并合理地利用信息技术，发挥信息技术在英语教学中的巨大作用，提升英语教学和学生学习效果。

将信息技术与教学进行融合的基础就是对校园网的使用。教师利用校园网的方式有以下几种。第一种是利用校园网的光盘库。光盘和 VCD 可以存储与教材内容同步的视频和音像资料。第二种是利用教学资源库的歌曲、影像资源。通过校园局域网在教室中进行听说练习，如播放英文歌曲进行听写和学唱，能够增强学生对英语的感性认识。第三种是丰富学习材料。校园网中的教学资源库有丰富的图片、文字、网址等，都是与课文主题相关的内容，极大地充实了教师的电子教案内容，从而更好地为教学服务。在英语教学中使用信息技术表现在主动利用课件教学方面。信息技术不但为学生创设了良好的语言环境，还给学生提供了更多的语言实践和交际机会。比如，教师借助网络课件来创设语言交际情景，组织学生进行情景对话和角色扮演，从而很好地培养学生的交际能力和创新精神。教师创设不同语言交际情境的方式有很多，如教师和学生共同参与制作多样性的多媒体课件，在向学生传达国家报道信息内容时，可以采用音频或视频的形式进行播放，让学生看见或想象到真实的场面，这有利于学生身临其境地了解以英语作为母语的国家人文风光、历史地理等。丰富的语言氛围教学给了学生一边"旅游"、一边学习的机会。英语学科的课件内容应该满足学生"听、说、读、写"的综合能力的培养需要，创设语言情境，激发学生主动学习的动机，启发、引导学生对所学内容的正确理解和运用，并且突出重点、难点，提高学生的综合语言运用能力。

三、信息技术在英语教学中拓宽了学生的视野

信息技术在英语教学中能够拓展学生的视野，为学生提供更加广阔的学习机会和体验。通过网络资源和各种电子设备，学生可以轻松地获取丰富多样的英语学习资源，包括英语新闻、英语电影、英语音乐、英语游戏等等。这些资源不仅丰富了学生的知识和语言技能，还为学生带来了更加有趣、多元和生动的英语学习体验。

此外，信息技术还能够让学生更好地了解和接触到国外的文化、社会和人文环境，通过在线交流、合作和互动，学生可以与来自不同国家和地区的英语学习者交流和分享，深入了解其他文化和语言的差异和特点。这样的学习体验不仅可以激发学生对英语学习的兴趣和热情，而且还可以培养学生的跨文化交流和认知能力，为未来的国际交流和职业发展奠定坚实的基础。

信息技术在英语教学中不仅仅是提高学生的语言技能，更是为学生打开了一扇窗户，让他们深入了解和感知世界的多元和多样性，为学生的个人成长和未来的职业发展注入新的动力和激情。

四、信息技术在英语教学中提高了学习的效率

在当今信息技术高度发达的时代,大学英语的学习效率也得到了极大的改善和提高。信息技术为英语学习提供了更为便利的条件和更加高效的方式。通过信息技术,学生可以通过网络资源和各种电子设备轻松地获得海量的英语学习资料和资源,如在线课程、教学视频、电子书籍、语音识别软件等。这些资源不仅拓宽了学生的学习视野和知识面,而且还大大提高了学习效率和质量。

此外,信息技术在大学英语教学中还具有很多其他优势。例如,通过网络辅助教学,学生可以轻松地与海内外的英语专家和同学交流和互动,借此提高语言交流和沟通能力。

同时,教师也可以利用信息技术来更好地管理和评估学生的学习成果,通过在线作业、考试和评价系统等手段,精确、及时地了解学生的学习情况,并针对性地进行教学调整和优化。因此,可以说信息技术在大学英语的学习中起到了非常重要的作用,不仅提高了学生的学习效率和质量,而且也丰富了英语教学的方式和内容,为英语教育的发展和进步注入了新的活力和动力。

五、信息技术在英语教学中要求提升教师素质

教师的主导作用更多地反映在教学设计之中,反映在多媒体课件的研制中,反映在组织教学的过程中,反映在教学的反馈过程中,而这些都需要教师具有良好的自身素质。

大学英语教师应当将现代教育理念融入英语教学中,而新的教学观念就体现在对信息技术的使用上。英语教师在教学前要端正自己的教学态度,遵循教育发展的内在规律,树立正确的教育观与人才观,采用信息技术实现教育现代化,还要在思想上坚持终身学习的理念。随着当今信息时代的到来,知识的更新和发展速度也逐渐加快,英语教学要求教师以创新为基础,树立终身学习思想,培养并发展学生的创新精神,提高学生的创新水平,完善教学过程中的创新设计、创新思维、创新意识环节。另外,英语教师要充分发挥主导作用,根据学生特点、教材特点,精心选择教学内容,精心设计教学过程,精心安排教学环节,充分调动学生学习的积极性、主动性,让学生充分体验成功的喜悦。

通过现代教育实践，英语教师要探索新的教学方法，跟上教育技术现代化的步伐，实现教学方法的现代化。教育技术现代化影响了教学方法现代化，如出现了以"媒体"为主的教学方法。

在当今信息技术高度发达的时代，英语教学需要适应现代化信息技术的形式，英语教师的基本功和技能也需要得到现代化的提升。教育技术现代化要求英语教师具备更高的素质和能力，要求英语教师队伍实现现代化，这也是实现英语教学现代化的关键。在这样的情形下，英语教师的角色职能也更加具有多样性，有了多元化的特征，不仅提高了英语教师的基本功，还在原来的基本功基础之上，对教师的电教基本功有了要求。与此同时，现代教育技术的发展还促使英语教师不断提升自身素质，在基本功和素质的双重保证下满足现代教育技术的要求。

综上所述，将信息技术引入英语学科的教学活动中是一个循序渐进的过程。信息技术并不是单纯地为课堂教学提供包括计算机在内的多媒体设备，而是基于心理学、教育技术学等学科的基础，展现多媒体教学优势，优化传统的教学手段。研究信息技术与英语学科教学的融合策略并以恰当的方式去实施策略，会对课程内容、课程实施、课程资源、教学评价以及学习方式的变革带来巨大的影响。在信息技术的加持，以及英语教师的实践探索下，信息技术必然能与英语学科教学相辅相成，共同迎接信息化时代的到来，将信息技术普及给大众，把对信息技术与英语教学整合的研究和实践推向更高的水平。

第二节 "互联网+"与大学英语教学融合的意义

"互联网+"与高校英语教学相结合实际上是时代发展的需求，互联网的使用可以有效改变人们原有的学习观念，同时也指引了未来教育发展的方向，因此"互联网+"与高校英语教学相结合具有非常重要的意义。

一、更新学习观念

（一）传统的计算机辅助英语教学

传统的教学形式从本质上来说是以课本和课堂为教学基础，对于学生来说，课本依然是他们获取知识的唯一来源。教师是课堂的中心和主导者,教师通过对课本的分析和使用向学生讲解知识;课本成为教师与学生沟通的桥梁与中介,学生再从教师分析和讲授的课本中获取知识。因此,传统的教学模式是以课本为主,如图 3-2-1 所示。

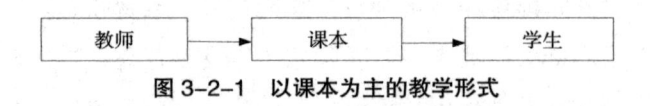

图 3-2-1　以课本为主的教学形式

后来通过科技的发展,教师开始以计算机作为辅助进行教学,这种教学形式实际上只是教师通过计算机这一教学工具将知识讲解、传授给学生,计算机的使用没有实质性的意义,只是为了方便学生进行更加直观性的学习,从而提高学生的学习效率,学生的知识仍然主要来自课本,如图 3-2-2 所示。因此,可以说传统的"课堂+课本"的教学模式并没有发生实质性的改变。

图 3-2-2　传统的计算机辅助教学

(二)"互联网+"与高校英语教学相结合

和传统的教学形式以及以计算机为辅助的教学形式不同,"互联网+"与高校英语教学相结合的教学形式使得传统教学框架发生了本质性的改变,如图 3-2-3 所示。

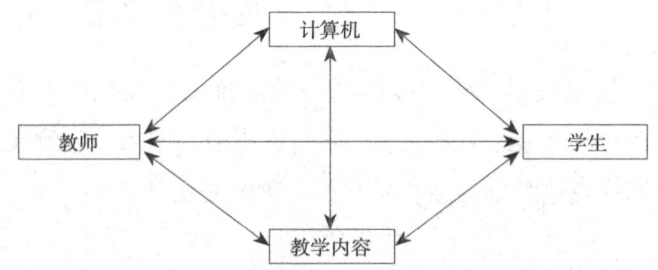

图 3-2-3　"互联网+"与高校英语教学相结合

可以看出,在"互联网+"与高校英语教学相结合这一形式下,高校英语教师、高校大学生、计算机以及教学内容之间是一个双向作用的关系。在这一教学形式下,高校英语教师和学生之间的角色发生了一定的变化,在课堂教学中,教师不再是唯一的教学中心，学生也由之前的被动接受教师传授的知识变为学生主动探索、获取知识，而且学生的知识来源不再是单一的课本，获取知识的渠道开始变得多样化，如图3-2-4所示。

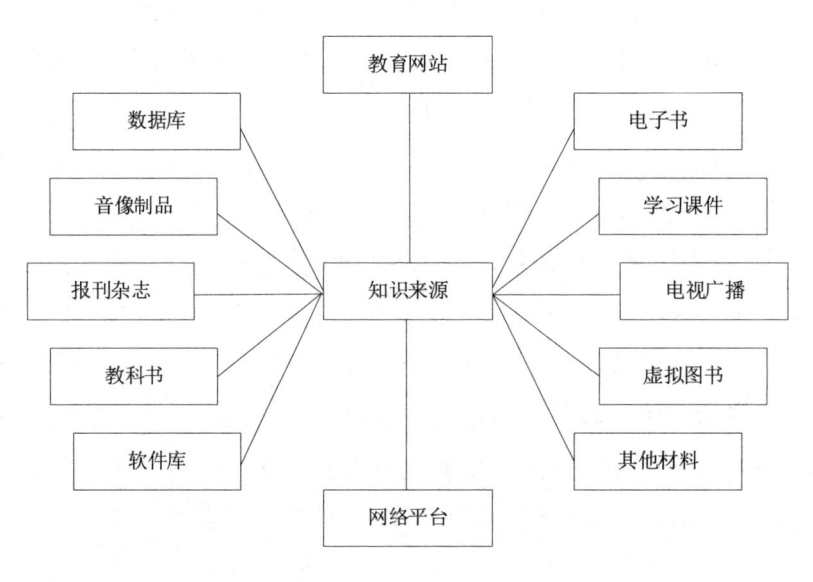

图3-2-4　知识来源

不难看出，在"互联网+"与高校英语教学相结合的情况下，高校学生获取知识的途径不再是课本和教师，高度发达的互联网可以为学生提供海量的学习信息，而且这些海量的学习信息有着实时更新的特点，使学生接触到的知识不再是过时的、静态的，有助于学生紧跟时代的步伐，了解更多的新知识。这一教学形式也意味着传统的以课本为主、以教师为中心的课堂形式被彻底地打破。面对互联网提供的海量信息，学生只需要学会分辨和筛选有用的信息就可以了，学生可以从网上获取任何他们需要的信息，然后再对获取到的信息进行筛选、加工等，使网上的东西变成自己真正掌握的知识。这样的学习模式实际上有助于培养学生分析问题、解决问题的能力，同时也能够帮助学生养成自主学习的好习惯。不得不承认，这种学习模式才是更适合"互联网+"时代背景下学生学习高校英语的新型学习模式。

在"互联网+"这一时代背景下，各种新的知识层出不穷。这个世界每天都有新鲜的事情发生，信息与知识可以说是瞬息万变，学生是祖国的未来、民族的希望，他们需要了解这个世界的动态信息，需要接触到最前沿的知识与信息，而互联网恰好能满足学生的这一需求。在知识大翻新、大爆炸的当代，我国教育教学为了迎合这种时代变化纷纷对中小学和高校教育教学模式进行了改革，其目的也是提高学生的学习兴趣与效率，更好地适应未来信息时代的发展。其中，高校英语教学改革主要有两个方面的原因：一个方面是随着互联网的发展、知识的更新，有很多新出现的知识需要加入课程中，尤其是国外信息的动态发展，都需要学生进行系统而全面的了解；另一个方面就是当前高校英语课堂教学的课程安排与现实应用存在脱轨现象，急需高校英语教师为学生补充实用信息。这既是时代的需要，也是提高教学质量和培养合格人才的迫切需要。教育的进步离不开教育教学改革这一强有力的推动力量，尤其是在当前互联网高速发展的时期，对传统的教育教学方式进行创造性改革对于我国教育来说至关重要。大学英语从本质上来说是一门应用型学科，学生学习的知识应该是以后步入社会能够使用到的，而不是单纯地以应付考试为目的。而为了增强大学英语的实用性，使用互联网教学就不可避免，充分利用互联网进行教学是增强大学英语实用性的有效途径。

互联网与大学英语教学的有效结合可以有效提高学生学习效率、增强学生学习的积极性和主动性。教师通过互联网为学生提供更多的实用信息或者是最新的信息可以极大地吸引学生的课堂注意力，鼓励学生自己去探索新知识，打破学生获取知识渠道单一的困境，只有这样，才能让学生更好地获得新知识和新技能。

二、改变传统的教学结构

"互联网+"与大学英语教学相结合，一个非常重要的意义就是它使得我国大学英语教学的结构体系发生了翻天覆地的变化。传统的大学英语教学形式是以教师的"教"为中心，而现在则演变为"学教并重"，学生的学与教师的教同样重要，受到了人们同等的重视，甚至学生的学要比教师的教更为重要，这实际上就是现代所倡导的"学生主体、教师主导"的教学理念，具体如图3-2-5和图3-2-6所示。

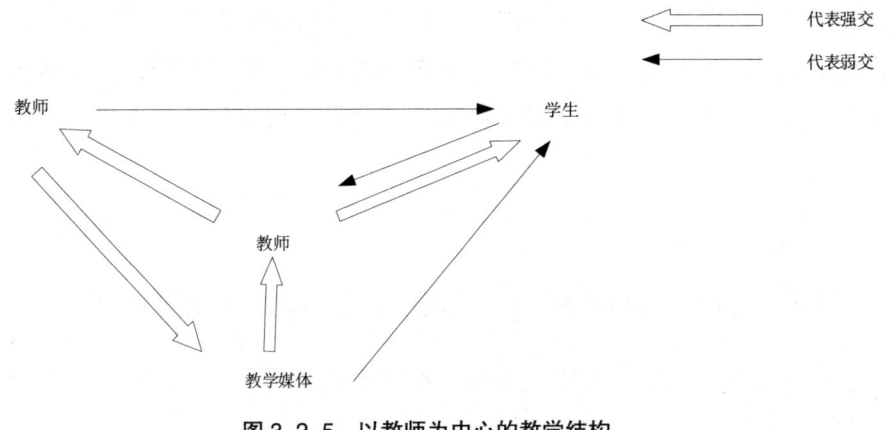

图 3-2-5　以教师为中心的教学结构

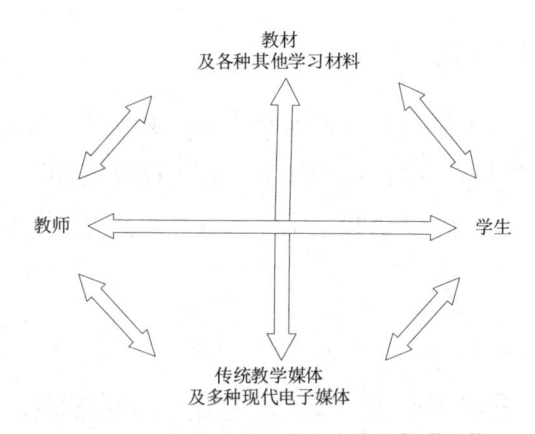

图 3-2-6　教师主导、学生主体的教学结构

在互联网应用教学形式中，高校英语教师必须对自身的作用有一个更加清晰的认识，当好学生学习知识的引路人。教师主导、学生主体的教学结构要求必须把计算机作为一个重要的部分融入高校英语课堂教学中。教师在使用计算机进行教学的过程中，需要注意以下两个方面：

首先，在"互联网＋"这一时代背景下，教师不可避免地需要利用互联网查阅资料或者是教学生使用互联网，那么这就需要教师自身先学会使用互联网获取新知识的技巧和方法。教师对互联网使用有了充分的体验之后，就可以将相关的技巧与方法告诉学生，教会学生利用互联网解决学习方面的问题。

其次，教师在熟练使用互联网的基础之上，通过对学生学习兴趣、学习习惯等的了解，创造出一些以学生为中心的、多维的学习交流环境，加强学生在互联网上的沟通与交流。高校英语教师将互联网与英语教学课本进行紧密结合，能够充分利用互联网的优势对学生进行更高效率的教学，同时教师还可以利用互联网改善学生的学习环境，这对于有效提高学生的学习兴趣与学习效率有着非常重要的意义。

第三节 "互联网+"与大学英语教学融合的特征

现代教育技术与语言习得规律的有机结合形成了"互联网+"与大学英语教学相结合的特征。

一、教学手段的特征

将"互联网+"与大学英语教学有机融合，使得教学活动呈现出更加灵活、便捷、直观、高效的特点。在这种背景下，利用现代教育技术优化教学过程和教学方法已成为必然。在大学英语教学中，教育技术的应用范围广泛，包括但不限于以下几类。

（一）光学技术

光学技术（幻灯、投影），便于教师呈现文字与图像等教学信息。

（二）电声技术

在外语教学领域，电声技术（录音和广播）是一种历史悠久且广泛应用的技术手段。从 21 世纪开始，人们就已经把声音作为一种信息传递方式用于教学之中。在外语听力与口语训练中，从最初的钢丝录音机和留声机，到后来的磁带录音机，再到跟读机、CD 机、MP3 和 MP4 等设备，这些设备已经成为课堂教学和课外学习的必需品。

（三）网络技术

随着外语广播网络技术的不断普及，除了传统的广播电台，各大院校也纷纷开设了各种外语教学广播网，为学生提供了一个优质的语言学习环境。与此同时，人工智能技术也越来越多地应用到外语学习中。例如，智能语音助手和语音识别技术可以帮助学习者进行口语练习和听力训练，同时提供即时反馈和纠正。智能翻译软件则可以帮助学习者翻译生词、句子和文章，提高阅读和写作水平。此外，还有一些智能化的语言学习软件和应用，可以根据学习者的学习情况和兴趣，为其提供个性化的学习计划和资源，加强学习效果。

（四）语言实验室技术

语言实验室是一座现代化的教室，它融合了多种教学媒体，为外语教学训练提供了一个再现言语情景、提供大量语言模仿与实践的理想场所。模仿实践和交际活动对培养学生综合能力起着很重要作用。在现代外语教学中，模拟实践已成为一项不可或缺的基本原则。在外语学习中运用模仿策略有助于培养学习者的交际能力和创新能力。语言的模仿范围涵盖了语音、语调、词义、词法、句法、文法、习惯表达、思维方式、文化背景等多个方面，这些方面共同构成了语言的多样性特征。通过模仿学习，不仅可使学习者获得丰富的词汇和语法知识，还能培养他们的逻辑思维能力以及良好的口头表达能力。一座现代化的语言实验室，能提供全方位的语言模仿实践，为学生提供听、说、读、写、译等专业技能的全面培训，同时教师能够灵活地检测和评估教学效果。在外语学习过程中，通过模拟交际练习，能使学习者更好地掌握和运用语言技能。因此，对于语音、听力、口语、翻译、阅读写作等多种课程类型的教学来说，语言实验室是一个理想的场所。

（五）计算机技术

外语教与学的多个层面受到计算机技术信息载体的多样性、交互性和集成性的深刻影响。

（1）在教学过程中，学生扮演着至关重要的角色，他们的主体地位得到了充分的呈现。

（2）外语学习的趣味性得到了增强，语言学习进程得到了加速，学习者的知识面得到了扩大，跨文化交际能力也得到了培养，这一切都得益于教学材料的丰富多彩，以及图、文、音、像的相互补充。

（3）它可以根据学习者的个体差异实施个别化教学。

（4）它为探索和实施新的教学方法创造了条件，使发现式学习、探索式学习、体验式学习等现代教学方法在外语教学中得以应用，使学生学会自主学习。

（六）影视技术

影视技术（电影、电视、录像、LD、VC、DV、CD-ROM）的作用体现在两个方面。

（1）通过生动展现语言所依托的文化背景，外语学习者得以将听力课程扩展为视听说课程，同时也为泛读、文学、综合等多种课程提供了必要的教学素材。

（2）增强了外语学习者的学习兴趣，因而提高了外语听力训练的效率。

二、教学环境的特征

语言浸没教学法主张，外语学习应该让学习者沉浸在一种类似于母语学习的环境中，最大限度地接触目标语言，从而感知、品味和运用语言。语言的使用过程就是不断接受新信息并将之整合加工为自己所需的形式的过程。语言习得是一项高度实践性的学习活动，缺乏实践活动，外语学习将面临巨大的挑战。因此，在外语教学改革中，探索和构建理想的语言环境的技术手段已成为不可避免的趋势。

计算机的教学演示功能，能够将文字、声音、图像等多种元素有机融合，以形象、直观的方式呈现教学内容，从而有助于学生准确理解和掌握语言。互联网时代下，外语学习者不仅需要具备扎实的英语语言知识、熟练的英语口语表达技巧和一定的听力理解能力，还要具备较高的自主创新能力和信息获取能力，能够通过多种途径获得丰富而有效的信息资源。因此，将"互联网+"与外语教学有机融合，为外语教学提供了更加广泛的语言实践机会和更加真实的语言交流环境。随着信息技术的发展，各种媒体技术被广泛应用到英语教学中，其中包括多媒体教学手段。外语教学在网络多媒体形式下进入了全新的学习环境，为学生提供了更加丰富多彩的学习体验。教师利用互联网平台进行交互式教学活动，使课堂教学变得更加生动而有趣，从而激发学习者的兴趣并提高学习效果。在这个全新的学习环境中，学生不仅能够获取印刷文本教材，还能够使用电子网络版的教材，以满足他们的学习需求。这使得外语学习者能够更加充分地利用各种教学资源进行自主探索、合作学习、协作探究等活动，提高其综合能力。此外，他们还可以利用校园网络或互联网收集相关的学习资源，以补充和扩展相关知识，从而克服传统教材单一的限制。确切地说，网络化、数字化和人工智能三大技术使理想的教与学环境的创设成为可能。

（一）网络化

网络技术使当今的数字化信息网络实现了"天网"（如数字卫星通信系统、移动数字通信系统）与"地网"（Internet 网及其他网络）的相互独立和优势互补。在信息社会中，人们可以利用因特网进行远程访问、在线交流、资源共享以及网上购物等活动。网络化的主要优点在于其广泛的覆盖范围、资源共享的广泛性、跨越时空的超越性、多元化的互动方式以及便于协作的便利性。在这一环境中，学习者不再只是被动接受信息的接受者，而是主动建构意义并进行自我评价的主体。网络技术的广泛应用使得学习过程变得更加具有互动性和自主性，同时随着网络技术的飞速发展，人们逐渐转变了传统的学习观念，不再将课堂视为唯一的学习环境。随着网络技术的不断发展，课堂的覆盖范围得到扩大，人们将时刻享受到网络带来的便利，网络也成为学习外语的理想场所和环境。

（二）数字化

数字化技术的应用使得教育技术系统的设备变得更加简洁高效，性能更加可靠稳定，同时也实现了标准的一致性。在此基础上，通过计算机多媒体技术的应用，使教学手段更加丰富多彩。数字化技术的广泛应用不仅拓宽了计算机信息的存储空间，同时也加速了信息传输的速度，从而实现了信息传输的稳定性和真实性。数字化技术的发展，使得书本、黑板作为信息传递的介质被声音、影像、图片所替代，而后者更具形象化和个性化。可以说，外语教学环境在现代信息技术的支持下，呈现出信息化的情境、全球化的外语学习以及个性化的特点。

（三）人工智能技术

智能化意味着计算机具备拟人思维和在教学中扮演人类角色的能力，因此，智能化的计算机教学系统可以实现人性化的教学行为、自然化的人机互动、合理化的教学过程，以及代理化的繁杂任务。

除此之外，人工智能技术还使外语教学系统实现了以下目标：

（1）管理自动化。计算机测试与评估、学习问题诊断、学习任务分配等教学管理程序都可以自动完成，因此，借助人工智能技术，我们得以构建一个理想的教学环境，这是我们的核心基石。

（2）将环境进行虚拟化操作。教学活动得以在很大程度上摆脱物理空间和时间的束缚，实现了教学场景的高度虚拟化。

（3）个性化教学。利用人工智能技术打造的智能导师系统，能够根据学生的独特个性和需求，提供个性化的教学和协助服务。

三、教学资源的特征

外语教学的信息资源得到了极大的充实，这要归功于"互联网+"与外语教学的完美融合。网络环境下的外语教学主要包括网上教学和在线课程两个方面。在语言学习的过程中，听力和阅读是两个不可或缺的输入环节，它们共同构成了语言学习的重要组成部分。随着网络信息技术的飞速发展，互联网成为外语学习中最重要的输入手段之一。现代教育技术以电子载体为特征，为外语学习的输入部分提供了无限的语料资源，从固定的录音带、录像带、VCD、DVD等资源，到动态的广播、电影、电视、互联网等资源，特别是互联网的出现，使得大量真实而生动的语料资源实现了电子化和网络化，从"供给制"转变为"自助餐式"，为学习者提供了一个广阔的自主选择语料的天地。

电子媒介所提供的语料源不仅数量丰富，而且在教学内容的质量上实现了"零时差"的目标。网络信息资源是一种新型教学资源和学习资源，它以其超时空性、开放性等特点给高校教学带来了巨大冲击与挑战。在网络时代，学生和教师作为重要的学习者，呈现出一种超越班级、学校、国籍和学科界限的全新特征，这进而拓展了知识与技能的传授源，克服了语料源来源的局限性问题，实现了语言存在的根本目的——交际功能，为学生外语素质的根本转变注入了强大的推动力，这是至关重要的。

四、教学模式的特征

在一定的教学理念指导下，教学模式被构建成一种反映教学客观规律的教学框架，该框架具有明确的目标、稳定的结构和强大的实践性。著名认知心理学家加德纳（Gardner）提出的多元智能理论认为，智力包含九种要素，每一种智力要素的发展是不平衡的，他们的智力强项表现在不同方面，学习风格也存在或多或少的差异。[①] 所以，学生天生就具有个体差异，他们没有同等水平的智力，也没

---

① 程东元，赵蔚彬，等. 外语教学技术 [M]. 北京：国防工业出版社，2008.

有完全相同的个性倾向。在外语教学实践中，应当根据学习者的个体差异，设计出与其学习相适应的策略、环境和模式，以确保教学效果最大化。

随着"互联网+"与外语教学的有机融合，外语教学模式已经从封闭式和单向性的知识与技能传播向开放式和多向性转变，呈现出多元化的教学范式。

网络多媒体技术所构建的学习环境呈现出虚拟性、开放性、互动性、协作性和多元性等显著特征。这种学习环境有利于培养学生独立获取知识和应用知识的能力以及创新意识、实践精神、协作精神和竞争意识等现代教育理念。在网络多媒体环境下，学习活动可被归纳为三种基本类型，分别是信息搜集与加工、人际交流以及问题解决。这些不同类型的学习方式都是由一定的技术平台所提供的，并通过相应的资源来支持和实现的。在此学习环境中，学习者享有广泛的自主权和自由度，他们可以自主设定学习目标和内容，自主选择学习方式和路径。

五、教学过程的特征

在网络教学中实现探究学习，这就要求教师首先要寻找适合的网站，此时学生要能够熟练运用搜索引擎、善于发现和挖掘信息。其次，要协调学习者和学习资源，探究学习的成功开展和学习小组的运作有密切关系，学习小组的氛围越和谐，就越有利于探究学习，并且学习小组要善于利用有限的硬件和软件来开发学习资源。再者，要善于激发学习者的思考，这就需要学习任务既有挑战性又具真实性和全面性。另外，要选择合适的学习媒体和工具，因为互联网是一种多媒体的环境，它拥有海量的资源，既有普通资源也有专家资源，要学会合理选择。

第四节 "互联网+"与大学英语教学融合的原则

在"互联网+"这一时代背景下，我国高校英语教学需要遵循的原则主要有三点：第一，自主式学习原则；第二，互动式教学原则；第三，多元评价原则。

一、自主学习原则

互联网的发展与进步，对人们的学习、工作与生活都产生了巨大的影响，与此同时，互联网技术也在逐渐深入我国高校英语教学中，且正以前所未有的速度向更深层次发展着。正如前文谈到的,"互联网+"这一时代背景下的大学英语教学逐渐由传统的教学模式(以教师为中心、单纯传授语言知识)向新型的教学模式转化(以学生为中心,学生主体、教师主导,不仅传授相应的语言知识,同时还注重培养学生的个性技能,包括语言运用能力、自主学习能力等)。新型的教学模式需要以计算机和网络信息技术为基础,将图片、声音、动作等融合成一种新的形式,然后通过多媒体、电脑等传播工具展现给学生,其传播形式具有较强的开放性、共享性和自主性。将"互联网+"与大学英语教学相结合,将线下教室中的课堂教学与线上网络教学相结合,始终将学生作为教学活动的中心与主体,注重培养大学生运用英语的能力,促进大学生的全面发展是当前"互联网+"时代背景大学校英语教学必须达到的要求。所谓的"自主式学习"指的就是在高校教师的指导下,学生能够通过各种方式进行自我探究式学习并最终完成预定学习目标的一种学习方式。"自主式学习"较为典型的表现形式就是教师对学生学习的参与度和干预度降低,而学生的学习能动性与独立性得到了增强。"自主式学习"相较于传统的学习方式有了很大的进步,将学生的主体性完全地体现了出来。

"自主式学习"方式是以教师为主导、学生为主体的学习方式。这里所说的教师主导指的就是教师创造出有利于学生学习的环境,在学生学习的过程中充分发挥自身的引导与指导作用,从而达到理解知识并掌握知识的目的。而"自主"则是相对于传统的依赖式的学习方式而言的,是一种学生独立学习的方式。但需要注意的是,自主学习并不是自由学习,而是在教师指导与监督下进行的学习。"自主式学习"方式要求学生有较强的学习欲望、积极的学习态度以及明确的学习目标,然后通过有效的学习方法以及教师的指导完成学习任务。"自主式学习"这一学习方式强调的是在学习目标指引下,学生进行的自我调控、主动参与以及学习目标的自我实现,充分强调学生的主体性,使学生的主观能动性得到发挥。

二、多元互动原则

教学活动从来都不是单向的活动,它需要教师的教和学生的学充分地结合在一起,否则就无法构成教学活动。教学活动所产生的效果也并非单一取决于教师的教或者学生的学,而是要看教学活动中教师与学生的互动程度,这一互动产生的效果往往就是教学活动的效果。所谓大学英语课堂的多元互动教学是指在大学英语教学过程中，教师与学生、学生与学生、教学主体与教学客体之间的相互影响和相互作用。多元互动教学的宗旨就是要促进学生的认知重组，实现这一宗旨的方式就是促进教师与学生、学生与学生之间的全方位、多层次的沟通与交流。这一教学方式使课堂活动中的各个独立部分（教师、学生、多媒体、教学内容等）连接成了一个完整的整体，使彼此相互融合，从而达到良好的教学效果。通过互联网、数字技术和多媒体等现代技术的使用，使学生置身于真实的或者是拟真的英语学习环境中，然后运用英语语言知识和技巧对这一语言进行模拟训练等一系列的实践操作，这样的学习过程对于学生掌握英语有着极其重要的意义。从这个层面来说，互动与沟通是英语学习中非常重要的活动，是学习英语的有效途径。

对英语进行教学的过程中，高校英语教师应该充分意识到英语不仅仅是一个知识体系，同时更是一个技能体系，有着非常强的实践性和实用性。英语教学是师生共同参与、相互配合的过程，需要在互动与实践中完成。通过多元互动交流，学习者可以在交流中不断地发现语言学习规律和语言使用规则，并将这些规律和规则应用于学习与交流中，以此形成良性循环，最终达到习得英语的目的。

三、多元评价原则

对大学英语教学活动进行评价的时候必须要遵循多元评价的原则。对教学活动的评价需要考虑到各个因素，比如当代社会对英语能力的要求、大学英语教学中教与学的条件、高校英语教师师资水平、教学过程中所用到的教学方式和教学手段等，只有将各种因素综合起来进行充分考虑才能够体现出教学评价的功能与价值。自从各种现代信息技术介入教学活动之后，在教学界出现了很多新的教学现象、教学特点、教学模式等，这也势必会引起教学活动评价体系的调整与优化，以确保在"互联网+"时代背景下我国大学英语教学取得新的进展。

在大学英语教学活动过程中，能否对大学英语教学做更进一步的改革，不仅取决于高校英语教师采取的教学方法或是教学手段以及学生学习英语的学习方法和学习态度等，同时还与多元化的教学评价模式有着重要的联系。多元化的教学评价模式能够以评促学、以评促教、学教并重，从而更好地实现教学活动的预定目标。

多元化的评价模式指的就是教学活动评价的主体具有多元性的特点，同时评价的标准也呈现出多维度的特点。简单来说，教学评价是由教学管理者、教师、学生等主体一起参与，采用形成性评价、终结性评价，以及教师评价、学生自评、学生互评等评价方式，对教师的教与学生的学进行全面而综合的评价。这一多元化的评价方式不仅注重学生的学习结果，同时也注重课堂教学活动的过程，关注学生在学习过程中的自我反思与自我提升。"互联网+"时代背景下的教学评价实际上是一个非常开放、非常灵活也较为客观、科学的评价体系。多元化的评价形式主要有课堂教学评估、问卷调查、师生座谈、校内考试等。多元化的评价方式使学生在评价活动中具有了双重身份，即评价的对象和评价的主体。

在"互联网+"时代背景下，上述原则有机结合，构成了大学英语教学的完整而科学的体系。自主学习有助于高校学生弱化对教师的依赖，通过各种渠道实现自我学习，完成既定的学习目标并最终达到掌握英语这一重要语言的目的；多元互动的教学使教师不再占据绝对的中心地位，学生在课堂上充分发挥自身的主体作用和主观能动性，教师扮演着指导者和引导者的角色，这样的教学方式有助于提高教师的教学效率，同时这一教学方式将各个教学因素连接为一个整体，使教学活动的成效更加明显；传统的教师对学生进行终结性评价的方式已经被多元的评价方式所颠覆，这种基于学习成绩的评估方式已经发生了根本性的变化，使学生成为评价的对象和主体，有助于学生发现自身存在的问题并及时改正，学生之间的互评也有利于激发学生的学习积极性，形成良性竞争。这三种原则的结合对于高校英语教学质量的提升起着举足轻重的作用。

第五节 "互联网+"与大学英语教学融合的影响因素

"互联网+"时代背景下的大学英语教学实际上就是将互联网和多媒体作为大学英语教学的平台和教师与学生交流的媒介，在教师的引导和参与下，学生成功地完成了学习任务，从而培养出具备一定自主学习能力和熟练掌握英语这一至关重要语言的人才。但需要强调的是，无论是传统教学模式还是"互联网+"时代背景下的新型教学模式，教师和学生都是教学活动中两个较为重要的因素，教师与学生对于教学活动的展开有着非常重要的影响。

一、教师因素

在"互联网+"的时代背景下，教师是学生学习活动的重要参与者，对于学生学习有着重要的引导和指导作用，因此教师自身的各项技能对于学生的学习有着重要的影响。随着互联网的发展，其逐渐走入高校课堂教学，因此高校英语教师对于互联网的应用能力深刻地影响着高校英语教学活动。高校英语教师对于新技术的使用能力也是教师教学技能的重要组成部分，是衡量教师能力的重要标准之一。但需要强调的是教师的教学技能也受到教师对新技术使用能力的制约，可以说教师自身的教学技能是影响教师使用新技术的主要因素。不难看出，教师的教学能力与新技术的使用能力是相互影响、相辅相成的。影响高校英语教师使用新技能的重要因素主要有以下几个：第一，信念。教师要有使用新技术的坚定信念。教师信念体系的合理性是一个动态系统，它随着文化、社会和时代的演变而不断变化，需要在实践中进行调整以适应不断变化的需求。在新媒体背景下，英语课堂教学应积极适应信息技术发展带来的变革，以促进学生全面健康发展为目标，构建符合时代特征、具有时代特色、适合自身特点的教师信念体系。随着"互联网+"与英语教学融合的教学理念逐渐形成，教师的信念体系仍处于不稳定的状态，可能会出现反弹或难以落实的情况。没有社会、学校和人文环境的支持，再坚定的信念也会发生动摇。此外，我们需要建立一套整合计算机网络和外语课程的培训机制，以进一步完善大学英语教师的信念。只有这样才能更好地培养学生的信息素养和自主学习意识。随着信息技术的不断进步，计算机在外语教学中的地位日益凸显，为了有效地推进外语教学的改革，我们必须转变思维模式，将计算机网络与外语课程有机地融合起来。教师培训必须跳出原来的框架，不再局限于单纯的计算机技术能力的培养，而是首先澄清、落实和强化新模式的理念并转化旧模式的理念；其次，应强调信息技术与外语实践课堂相结合。第二，教师对于互联网技术的实用性和易用性所产生的感知，值得深入探究，以及对新技术的接受程度与态度将决定学生能否正确地使用该技术并最终有所收获。在技术接受领域，有两个至关重要的概念，一个是具有实用性的感知，另一个是易于使用性的感知。在已有研究基础上提出一个基于有用性感知、易用性感知和使用意愿的理论模型。新技术的使用意愿受到用户对其有用性感知的直接影响，而易用性感知则可通过有用性感知作为中介，从而间接地影响用户的使用意愿。在一定程度上说，群体成员的特征是影响他们是否愿意采纳该项技术以及采用该技术的关键变量之一。个体在使用某项技术时，受到组织群体内部重要人物的态度和行为的潜移默化影响，从而产生选择。群体倾向会直接影响教师实施网络教学的实际行为。

二、学生因素

在"互联网+"这一时代背景下，大学英语教学正向着促进学生自主学习的方向发展。学生利用网络进行自主学习是学生主观能动性与计算机网络辅助并用的一种学习模式。要想保证学生自主学习的效果就需要从两个方面努力：第一，提高高校利用网络进行自主学习的能力；第二，唤起学生在网络环境下自主学习的热情。除此之外，培养学生的批判性思维对于学生的网络学习也有着重要的影响，其可以帮助学生辨别网络信息，筛选出有用的信息并对其进行理解、分析与应用，最终使网络上的知识变成自己的知识。在英语学习过程中，如果学生缺乏一定的感悟能力和逻辑思维，就让其进行自主学习是非常困难的。所以，在"互联网+"这一时代背景下，高校英语教师需要注重培养学生的感悟能力和逻辑思辨能力。

（一）网络自主学习能力

由于是借助网络进行的学习，所以培养学生的网络自主学习能力是十分必要的。英语教师可以通过以下几种方式对学生的网络自主学习能力进行培养：

第一，在课堂教学过程中，教师不断地告诉学生自主学习的重要性，向学生输入自主学习的观念，让学生意识到网络环境下自主学习的重要性，并在潜移默化中使学生养成自主学习的习惯。

第二，在课堂教学中，教师应当为学生提供充裕的时间和空间，通过布置任务的方式让学生逐渐养成自主学习的习惯，培养他们自主学习的能力。

第三，向学生普及校园网络的自主学习系统和校园网资源，督促学生进行自主学习。

第四，向学生详细地介绍在网络环境下自主学习的方法与策略，激发学生自主学习的动力。

第五，鼓励学生通过网络学习，建立学生交流讨论的平台，比如微信群和QQ群。

第六，教师自觉担任网络交流的组织者，鼓励学生在网络上进行交流，在相互探讨中使学生有所收获。

第七，教师需要经常向学生推荐一些网络学习的软件或网址，给学生提供充足的网络学习资源。

（二）网络自主学习积极性

教师要想提高学生利用网络进行学习的积极性可以从以下几个方面入手：

首先，大学英语教师需要在课堂上向学生展示互联网的强大功能，通过互联网和多媒体的使用使教学内容变得更加生动、直观，也可以课前播放一些与教学内容相关的影片，吸引学生的注意力，让学生喜欢互联网与多媒体相结合的教学模式，这对于学生自主学习积极性的提高有着非常重要的作用。

其次，教师特有的人格魅力和自身吸引力也是提高学生学习兴趣的重要因素，教师应该通过自身吸引力引导学生自觉地进行网络自主学习，提高学生的学习积极性。

最后，注意缓解学生在使用网络进行学习的过程中产生的不良情绪。不良情绪对于学生网络学习的积极性有着显著的阻碍作用，因此在学生进行网络学习的过程中，需要对学生进行及时引导与指导，避免学生产生不良的情绪，从而影响学生的学习积极性和学习效率。

（三）批判性思维能力

"批判性思维"指的就是对各种信息进行综合、分析和使用的能力，以及对各种信息作出正确的推理和判断的能力。对于大学英语学习者来说，批判性思维指的就是英语学习者通过网络查找资料时对于资料真实性与准确性的判断，并能够筛选出有用的学习信息，进而促进自身的网络学习能力。在"互联网+"这一时代背景下，学习者面对的海量学习信息之间一般都有着千丝万缕的联系，面对相互联系的网络知识点，学习者需要有求异的思维，挑选出对自己学习有用的信息。

三、网络资源开发的因素

网络教学资源的设计将现代教育教学理论作为设计的理论依据，按照一定的要求通过对学习者进行系统而全面的分析，从而制定出合适的教学目标、教学内容等，设计出适合教学内容的网站和 App，再选择合适的教学方法和途径实现教学目标。

网络资源的开发通常有以下四个步骤：

（一）分析

分析是网络资源开发的第一个重要环节，其主要包括三个方面的内容：首先，对学习条件进行全面而深入的分析，其指的就是对学习者的学习能力和已有的经验进行全面了解与分析，同时对于学习者的学习环境和学习者已经掌握的技能也要有一个全面的了解；其次，要明确学习目的，这一学习目的包括学习者对知识的需求、教师进行课程教学的目的以及教学目标的确立；最后，对教学内容进行全面而深入的分析，教学内容的确立并不是盲目进行的，而是以教学目标的要求为确立依据的。对教学内容的分析包括多个方面，比如对教学内容进行知识结构的分解、明确各个教学内容之间的关系、设计教学内容流程图，以及查找教学资源等。

（二）设计

设计是网络资源开发的第二个环节，也是非常重要的一个环节。网络资源的设计主要有三个方面的内容：首先，教师需要对教学的构件进行选择，明确在教学过程中需要用到的文本、图片、音频等，并对其进行搜集、选择与整合，最终形成课堂教学资源。其次，教师需要选择合适的教学方法和策略。教师需要针对不同的知识点设计出不同的教学策略，并选择与教学策略相对的网络运用技术促进策略的实施。最后，教师需要设计合适的教学情境并对这一情境进行有效组织。教师在课堂教学之前就需要把教学构件按照一定的顺序放置在课件框架或是多媒体桌面中，并建立各个构件之间的连接关系，方便课堂教学。

（三）评价

评价是网络资源开发的第三个环节，其主要有三个方面的内容：首先，教师需要对评价资源的设置进行仔细检查，根据相应的评价要求对教学内容进行核对，使评价标准与教学内容相符合。其次，对学习评价进行初次尝试。教师对学生的评价可以先在小范围内尝试，了解资源软件的运行情况，对学习中的资源使用效果进行调查。最后，对评价设计进行及时的完善与调整。教师对于资源开发评价系统存在的缺陷和问题进行及时的弥补与修改，完善与调整之后还是要进行相应的试行，直到满意为止。

（四）App 软件和学习网站

App 软件和一些学习网站是网络资源开发的最后一个步骤，也是较为重要的一个步骤，是网络资源开发得到实践的重要表现。

网络资源 App 开发的环节主要包括两个方面的内容：第一，促进 App 的广泛传播。可以邀请专家或学生对 App 进行评价审核，并且将开发的资源文件植入互联网中，促使 App 得到实际的应用。第二，对开发的 App 进行及时维护。对教学资源网站进行维护、对教学内容进行频繁更新、对学生的问题和反馈给予及时的解决和答复等，都是促进网络资源实践的有效方法。

除了一些 App 软件开发外，网络资源的开发成果还包括一系列可供学习的网络平台。学习网站可以为学习者提供各种知识和技能的资源，帮助他们更好地学习和掌握相关知识。

第四章 "互联网+"大学英语基础教学创新

本章为"互联网+"大学英语基础教学创新，主要从大学英语词汇教学创新、大学英语语法教学创新、大学英语听力教学创新、大学英语口语教学创新、大学英语阅读教学创新、大学英语写作教学创新、大学英语翻译教学创新这七个方面展开。

第一节 大学英语词汇教学创新

词汇是语言的基本要素之一，是语言系统得以存在的支柱，所以词汇教学是英语教学的一个中心环节。随着科技的发展及其在英语教学中的广泛应用，互联网对大学英语词汇教学的影响日趋明显，且教学效果得到了明显的改善。本节重点研究互联网环境下的大学英语词汇教学。

一、大学英语词汇教学简述

（一）大学英语词汇教学的重要性

词汇是语言"大厦"的基础，在英语教学中发挥着重要作用。脱离词汇，语言就会空洞无物，没有足够的词汇，语言表达也难以被他人理解。随着社会和科技的不断进步，英语学习者需要学习的词汇量将不断扩大，因此，学习英语词汇的过程永无止境。

词汇在整个语言教学体系中发挥着重要作用。如果学生在学习英语时，所掌握的词汇量不足，那么将会制约其听、说、读、写等能力的提高。假如结构是语言体系的基本框架，那么词汇则是语言体系框架之中的器官及血肉，如果没有词汇这一基础语言体系就无法传达意义。可以说，没有词汇，就没有语言的存在，人类的交际就无法顺利完成。因为词汇构成句子，进而产生人与人之间的交际。人们在交际过程中的每一句话都是由词汇构成的，所以只有具备足够多的词汇量，才能听懂他人的表述，也才能充分表达出自己要的思想。

通过对人类语言产生过程的分析，我们可以发现词汇在语言产生初期对交际有着很大的影响。随着交际形式和内容的逐渐复杂，语法的作用越来越突出。根据儿童习得母语词汇的特点，能够发现婴儿学习目的的第一步就是理解和使用词语，当婴儿听到妈妈说笑（smile）时，他们就会笑。刚学说话的婴儿，说的多是单音节词语。可见，英语语言应用能力的提升是以对词语的积累、理解和运用为基础的。因此，英语词汇教学对学习者掌握外语有着重要意义。

（二）大学英语词汇教学的原则

1. 系统原则

系统原则具体有两层含义。首先，教师应意识到词汇教学应贯穿于整个英语教学的始终，并随着学生认知水平的提高不断加大力度和难度。其次，教师还要意识到词汇是语言中的一个庞大的系统，词汇与语言的其他组成部分之间、词汇内部的组成部分之间存在必然联系，这种联系必然会对英语词汇教学产生一定的积极或消极影响。[1]

2. 遵循记忆规律原则

著名心理学家艾宾浩斯画的遗忘曲线可以得出这样一个遗忘规律：先快后慢，先多后少。教师要根据学生记忆词汇的心理特征与规律，加强词汇的复习与巩固。具体来说，教师应意识到遗忘的规律，及时组织学生复习所学词汇，并按照一定周期对词汇进行巩固。例如，一堂课上学习的新单词应该在当堂巩固，在下一堂课要及时复习，然后在三天、一周、一个月后开展周期性的有计划地复习巩固。词汇的巩固可以是与课文结合的分散复习，也可以结合词汇的音、形、义的结构特征进行归类记忆。此外，还可以在运用过程中对单词进行记忆和巩固。

3. 情境性原则

遵循情境性原则，即要在具体的情境中教授英语词汇。这里的"具体情境"包括实际生活情境、模拟交际情境、表演情境、直观教具情境和想象情境等。在

---

[1] 汪榕培. 英语词汇学高级教程 [M]. 上海：上海外语教育出版社，2002.

具体情境中教授词汇，既可以帮助学生理解词汇，又利于学生在交际中恰当地使用词汇，从而体现英语教学的交际方向性。

4. 实践性原则

英语词汇教学还应遵循实践性原则。这里的"实践性"强调精讲多练，以学生为主体，改变以往的以教师为中心的"满堂灌"的教学现象。在英语词汇教学中，教师不可一味地机械练习，避免教师一个人讲的情况，课上不断调动学生的参与热情。词汇教学与练习还要强调交际，借助交际活动，培养学生的自主学习能力，根据上下文，结合新旧概念、构词法和工具书等进行自学。词汇的习得是一个循序渐进的过程，是一个从基本的认知到应用的过程。词汇是构成语义的最小单位，贯穿于语言使用的整个过程和语言听说读写的实践中。词汇的习得脱离不了语言的实践。因此，词汇的习得必须结合语言实践，这是由词汇在语言中的特性决定的，是词汇教学要遵循的原则，这便是实践性原则。

5. 文化性原则

英语词汇教学不应停留在词汇层面上，应考虑文化的问题。语言是文化的载体，学习一门语言就要熟悉该门语言对应的文化。语言和文化相互影响、密切相关，所以词汇教学必然要涉及文化。英语词汇包含丰富的文化内涵，词义问题也常常是文化问题，教师应尽可能地说明和解释词汇的文化因素或者特征，进行英汉词汇的跨文化对比，帮助学生更好地理解词义，并提高学生的跨文化意识。

6. 交际原则

语言是交际的工具，学习语言的目的也是交际，所以要将学生置于真实的交际环境中学习使用语言，且在使用中掌握语言。在英语词汇教学中，教师也要遵循这一原则，教师在讲解词义、词的使用等特点时要考虑语言的交际功能。

7. 情感原则

在英语词汇的授课过程中，教师应当积极地激发学生的求知欲和学习热情，以培养他们积极主动的学习态度和内在动力，帮助其克服学习中的焦虑，这是提高学习效率的关键。

8. 音、形、义相结合原则

对单词而言，其音、形、义之间是相互影响、彼此联系的，所以教师在词汇教学中应该将词的发音、外部形式、表达意义结合起来。在传统的英语词汇教学中，教师过分注重单词的发音，忽视了单词的语音特点。实际上，英语词汇教学除了发音外，词汇的语音特点，如拼读、节奏、重音、连读等，也应引起重视。

在词汇教学过程中，教师可以对单词的音、形、义进行总结和归类，发现不同单词在音、形、义上的特点，进而加深学生对单词的印象，提高词汇记忆的效率。

（三）大学英语词汇教学的内容

作为语言最小的意义单位，词汇在人际交流中发挥着重要作用，而且人的思维活动与思想交流首先也是靠词汇进行的。通常，英语词汇教学涉及如下内容。

1. 词义

随着社会的不断变化和发展，词义也不断处于变化之中。有的词汇在不同时期会有不同的词义。所以，在英语词汇教学中，教师应该先让学生知道所学单词的意思。但是，语境往往会制约和影响一个单词的意义，所以教师就要根据单词的特点，结合具体语境采用合适的教学方法，使学生了解单词及词义的演变，明白词义是随着时间和社会的发展而不断变化的。一般而言，词义的演变体现在如下几个方面：

（1）词义的扩大

"词义的一般化"是一种扩展词义的方法，以达到更广泛的理解和应用。只有当词义从特定的意义扩展为普遍的意义，或者从指"种"的概念扩大为指"类"的概念时，新义才会大于旧义，这种演变才能被称为"词义的扩展"。例如，lady一词在过去仅用于指"女主人"。后来，随着社会的发展，该词的词义也得到了扩大，开始指贵族太太，后来指有教养的妇女。如今，lady 可以指所有"女人"，是一种礼貌用语。当提及老妇人时，可以用 old lady 或 elderly lady。当面对一群女士时，可以用 ladies，不能用 women。今天，lady 基本成了 woman 的同义词。例如，cleaning lady（清扫女工），a lady novelist（女小说家）等。

词义的扩大一般可以分为四种：从特指到泛指、从具体到抽象、从术语到一般词语、从专有名词到普通名词。

从特指到泛指。例如：

bird 从"幼鸟"到"鸟"

barn 从"储存大麦的地方"到"谷仓"

cookbook 从"烹调书"到"详尽的说明书"

picture 从"彩色图片"到"图片"

从具体到抽象。例如：

arrive 从"靠岸"到"到达"

bend 从"上弓弦"到"弯曲"

pain 从"罚款"到"惩罚"再到"痛苦"

从术语到一般词语：complex 在心理学上专指"复合""情节"，现在指任何的变态心理。

从专有名词到普通名词：ampere（安培），farad（法拉），ohm（欧姆），newton（牛顿），joule（焦耳）等过去都是科学家的名字，现在可以当作各种物理学单位。

（2）词义的缩小

"词义的特殊化"是一种缩写形式，它将单词的意义转化为特定的符号或短语。只需将词义从普通意义转化为特定意义，便可将新义从"类"概念缩减至"种"概念，均可叫作"词义的缩小"。

词义缩小一般可以分为五种类型。

①从泛指到特指。例如：

pill 从"药片"到"避孕药片"

liquor 从"各种饮料"到"酒"

life 用在"He got life."中表示"无期徒刑"

②从抽象到具体。例如：

room 从"空间""地方"到"房间"

probe 从"调查""检验"到"宇宙探测器"

side 从"旁边，侧面"到"肋部"

③从普通名词到专有名词。例如：

city 原指"城市"，用在 the City 中专指"伦敦的商业区"

prophet 原指"先知""预言者"，用在 the Prophet 中专指"穆罕默德"

cape 原指"海角"，用在 the Cape 中专指"好望角"

④从一般词语到术语。例如：

memory 从"记忆"到"存储器"

recovery 从"恢复"到"（航天器的）回收"

soft 从"柔软的"到"（市场）疲软的""（酸、碱）易极化的""浊音的"

⑤外来语的词义缩小：

拉丁语 liquor 的意思是"液体"，但在英语中常指"烈酒"，其语法变体 liqueur 在英语中的词义缩小为一种"甜酒"。

（3）词义的升格

词义的升格即词义朝着褒义的方向发展的过程。例如，inn 的原义是"小客栈"，特指设备简陋的农村或者公路旁边的小旅店，但如今的一些大旅馆也用 inn 为名称，如 Holiday Inn（假日旅店）。

（4）词义的降格

词义的降格即词义朝着贬义的方向演变的过程。例如：silly 在古英语中的意思是"幸福的、神圣的"；在中古英语中演变成"无害的，天真的"意思，是用于形容智力不发达的人的委婉语；在现代英语中则表示"傻的，愚蠢的"。

2. 词汇信息

词汇信息的涵盖范围包括单词的分类、构词法、拼写和发音等方面。下面重点对词的分类和构词法进行研究。

（1）词的分类

词类也称"词性"。根据词义、句法功能和形式特点及在句子中的作用，可以将英语单词分为十类。英语单词的分类，如表 4-1-1 所示。

表 4-1-1　英语单词分类

序号	词类	英文	缩写	功能	例词
1	名词	Noun	n.	表示人、事物或地点的名称	car, desk
2	动词	Verb	v.	表示动作或状态	is, work
3	形容词	Adjective	adj.	表示人或事物的性质或特征	big
4	副词	Adverb	adv.	表示动作特征或形状特征	very, hard
5	数词	Numeral	num.	表示数目多少或顺序的词，包括基数词和序数词	one
6	代词	Pronoun	pron.	代替名词和数词等	I, you

（续表）

序号	词类	英文	缩写	功能	例词
7	冠词	Article	art.	用在名词前帮助说明名词指代的人或事物	a, an
8	介词	Preposition	prep.	用在名词、代词前说明与别的词的关系	in, of
9	连词	Conjunction	conj.	用来连接词与词、短语与短语或句与句	and, but
10	感叹词	Interjection	interj.	表示说话时的感情或口气	oh, well

（2）构词法

英语构词法有三种：合成法、派生法和转化法。合成词即将两个或两个以上的单词合在一起构成的新词，派生即在词根上加前缀或后缀构成的另一个与原义稍有变化或完全相反的词。派生词的构成主要有前缀和后缀两种形式。一般情况下，前缀只改变词义，不改变词性。

表示否定的前缀：un-, dis-, in-/im-, ir-, mis-, non-；表示其他意义的前缀：re-, a-, tele-, en-, inter-。

通常情况下，后缀会对词性进行改变，从而形成其他词性的词汇，这些词汇的意义与后缀相近。

形容词性后缀：-al, -able, -an/-ian, -ern, -ful, -less, -ic/-ical, -ese, -ly, -y, -ous, -ish, -en, -ive。

名词性后缀：-ment, -ness, -tion, -er, -or, -ist, -ess, -ful, -th。

动词性后缀：-fy, -en。

副词后缀：-ly, -ward。

数词后缀：-teen, -ty, -th。

英语中将一种词性用作另一种词性的方式称作"词性的转化"。常见的词性转化有三种：动词转化成名词、名词转化成动词和形容词转化成动词。例如：

We stopped there for a swim.（动词转化成名词）

我们在那停下来游了一会儿泳。

Women have an equal say in everything.（动词转化成名词）

妇女在各个方面都有同等的发言权。

It can seat 1000 people.（名词转化成动词）

它能容纳 1000 人。

If so，we shall be badly fooled.（名词转化成动词）

如果这样，我们就会上大当。

They flowered well but bore little fruit.（名词转化成动词）

它们花开得很好，但结果不多。

The train slowed down to half its speed.（形容词转化成动词）火车速度减慢了一半。

His hair is beginning to grey.（形容词转化成动词）

他的头发开始变得花白。

3. 词汇用法

词汇的运用范围涵盖了词汇的组合方式、短语结构、惯用语以及语域范畴等多个方面。由于不同的语境所带来的影响，单词的使用方式也会有所变化。另外，英语单词还存在一词多义的情况。

搭配主要有词汇搭配和语法搭配。词汇搭配是实词与实词的结合，语法搭配是实词与虚词的结合。

英语习语和自由短语词组有所不同。自由短语词组可以根据各个部分的字面意义判断其意思。英语习语具有两个特点，一个是语义的统一性，另一个是结构的固定性。习语属于一个固定词组，在语义上是一个不可分割的统一体，其整体意义通常无法根据组成习语的各个词义判断出来。从结构上看，习语还有自身的完整性，其各部分都是固定的，不可随意拆开或者替换。由于习语是经过长时间历史考验、千锤百炼形成的，所以不可随意变动。

单词的使用场景因其所处的语言环境而异。在语域方面，词汇可分为正式的、非正式的、褒义的、贬义的、抽象的和具体的。

各种语言不管造出了多少新词或从其他语言借来多少词，词汇总量总是有一个限集，所以绝对实现不了一个单词只有一个义项，而是会引申其他意思。词义不断变化的过程就是出现一词多义现象的过程。

4. 词法

各类词的不同用法就是词法。例如，不可数名词之前不可出现不定冠词或者数词，不同介词的不同搭配方法及同一个介词与不同词汇连接，其连接词因为语境或者语法原因，形式变化也不同。在英语词汇教学中，教师应该在指导学生了解英语构词规律的基础上，熟悉英语词法的基本理论，引导其在感性记忆词汇的同时加强理性认识。

5. 词汇学习策略

培养学生的学习能力，使其掌握学习技巧，帮助其培养和养成终身学习的本领与习惯，是英语词汇教学的目标。因此，在英语词汇教学中，教师应重点培养学生记忆词汇的技巧与词汇学习的策略。①

根据词汇学习的特性，词汇学习的策略可被细分为调控、资源、认知、记忆和活动五个方面。

调控策略是元认知策略的一种，涵盖了对整个词汇学习过程的规划、实施、反思、评估和调整，以及资源的使用和监控等多方面。

资源策略是一种帮助学生提高词汇量的技巧和方法，它通过与新词汇接触来实现。

认知策略即为了完成某项学习任务而采取的行为与方法。

记忆策略即帮助人们记忆单词的策略。

活动策略即通过课堂上组织的真实的或者模拟的语境运用词汇。

（四）大学英语词汇教学存在的问题

当前的大学英语词汇教学主要有下面几个问题：

（1）初次教授英语单词时忽视了语音问题，特别是重音，学生没有掌握英语单词的发音，甚至会用汉语拼写标注，因为英语单词的语音与汉语拼写有一定的相关度，但是长期下去，将会给英语听辨和理解带来困难。

（2）教师过分依赖母语，一旦发现学生理解不了的单词，他们就会用汉语解释，使学生对教师的讲解产生依赖。

（3）脱离语境，单独学习单词，专项记忆词汇。教师没有提供一定的语言情境，也没有联系上下文语境，长期下去，学生的词汇水平得不到显著提升，也无法将被动的词汇转换成积极词汇。

---

① 王芬. 高职高专英语词汇教学研究 [M]. 上海：上海交通大学出版社，2012.

（4）教授词汇意义时将重点放在词汇的中英文译词上，没有充分的引导学生关注和认识词汇的英文释义，导致学生对词汇的内涵了解得不够准确和充分，没有帮助学生建立起查阅英文释义的意识和语言能力，没有很好地引导学生充分利用词典等辅助工具进行自主深入的学习。

（5）由于缺乏与词汇学习对应的课外阅读练习、写作练习、听力练习和口语训练，所以学生所学的词汇复现率极低，遗忘的速度快，学习效果不佳。

二、"互联网+"背景下大学英语词汇教学的方法

在数字化时代，教师不仅是知识的传授者，更是语言学习环境的构建者，为学生提供了一种全新的学习体验，更是学生学习活动的设计者和指导者。在教学过程中，教师应当明确自身在学生学习词汇过程中所扮演的角色，担任辅导、指导、监督和评价等多重角色，发挥模范带头作用。基于互联网的英语词汇教学，可以采用多种方式。

（一）合理使用幻灯片及PPT

在英语词汇教学中，教师应充分利用多媒体和网络的环境，集音、形、文、图于一体，从学生的认知水平、生活经验及学习兴趣出发，将单词用幻灯片或PPT的形式展现出来，将学生置于生动、真实的环境之中。

（二）利用搜索引擎创设英语情境

教师可以利用网络的搜索功能为学生提供最新的音频或视频资料。例如，当讲解到政治词汇时，教师可以检索国外电视节目和电影中与政治相关的资料，为学生提供真实的视听体验，实现信息与视听的完美融合，以便更好地理解每一个词汇的意义，且牢牢地记住它们。

（三）利用网络词典考察学生的词汇学习效果

网络词典是一种检测学生词汇量掌握情况的便捷、有效的工具。此种检测方式可供学生自主运用。在检测的过程中，一旦遭遇陌生词汇，学生可以随时利用网络词典查询其含义、用法、搭配以及例句等相关资料，这些资料均含有语音信息，学生可以在聆听的同时进行记忆，从而极大地提高记忆效率。

（四）利用录音录像功能提高学生的关注度

在英语词汇的授课过程中，教师有能力构建特定的情境，以引导学生进入预设的学习环境。通过创设各种语境，让学生在真实的语言环境下进行交际。加强学生对词汇学习的投入，以提高他们的学习效果。通过创设情境，不仅让学生体验到语言的魅力和乐趣，而且还激发出他们强烈的求知欲。同时，有助于提升学生词汇记忆速度，强化单词运用印象，活跃课堂氛围，提高单词学习效率。

（五）加强日常监督和互动

网络环境下的互动主要有师生之间的互动、生生之间的互动、教师与网络之间的互动、学生与网络之间的互动。在英语词汇教学中，教师可以借助 E-mail 语音和视频等与学生进行沟通，及时发现学生在学习词汇时存在的问题，对教学效果进行反馈，对教学和材料进行调整。E-mail 等网络沟通形式以其灵活性和跨时空的特点为学生提供了一个良好的学习词汇和运用词汇的渠道。

第二节 大学英语语法教学创新

英语语法教学始终都是人们关注的焦点，是贯穿英语教学的一条主线，同时也是令高校师生头疼的难题。然而，在互联网普遍运用于教学中的今天，语法教学似乎找到了一个很好的媒介，这个媒介教学效果也得到了显著提升。本节就对互联网环境下的大学英语语法教学进行研究。

一、大学英语语法教学简述

（一）大学英语语法教学的重要性

20 世纪 70 年代，交际法的兴起对口语给予了高度重视，却忽视了语法教学。在这种背景下，个别教师错误地以为交际教学反对语法教学。实际上，这种认识完全歪曲了交际语言教学。交际语言教学一直都没否定语法教学的重要性，甚至认为语法是交际能力的重要组成部分。

语法是对语言规律的概括，是词汇组成句子依据的规则，如果没有语法，就无法正确理解句子意思，更不用说口头交际、阅读或是写作了。培养学生的阅读和写作能力固然重要，但书面形式的英语表达更无法脱离语法规则。假如不熟悉语法规则，那么也就很难看懂英语文章。同样，如果写作中有大量语法错误，那么也会影响语言表达和阅读的效果。因此，语法教学至关重要。

高考虽然注重对学生语言交际能力的考查，强调句子的交际性，不死抠语法，但这不意味着就要降低语法的地位。从近些年高考英语试卷就可以看出，每道题除了基于语法规则以外，考题的阅读难度逐渐加大，如果没有一定的语法基础，就连读懂题意都困难，更不用说解题了。

（二）大学英语语法教学的原则

1. 系统性原则

语法教学首先应遵循系统性原则，即语法教学的内容与体系要根据英语语法知识的内在逻辑关系和学生的认知能力的发展规律加以确定。在英语语法教学中，系统性原则的落实要依靠教材编写者和教师。教材的编写者和教师要根据英语语言的发展特点选择一些出现频率高、实用性强的语法项目，编写出能反映当代英语语言规则的教学语法，注意各个语法项目之间的连贯和衔接，做到主次分明、重点突出、深入浅出、循序渐进。

2. 交际性原则

一些社会语言学家认为，交际是语言的功能，若欲真正运用语言进行交际，除了具备构建语法句子的语言能力外，还需具备在何种场合、对谁、以何种方式表达以及语言表达的能力，这即为交际技能。由此可见，交际能力与语言能力之间存在着紧密的关联。因此，在语法课中应注重培养学生的交际能力。交际能力的构建离不开语言能力。掌握了语言艺术技巧，就能更好地提高语言表达水平。在语法教学中，理解语法概念是至关重要的，然而，仅仅阅读语法书籍并不能完全掌握语法概念，必须通过实践、错误纠正、再次实践才能真正理解语法概念。因此，在学习语法的过程中，除了阅读语法书和背诵语法条目，还需要在实践中将这些语法项目有机地融入实际对话中。只有通过对一门语言的使用才能掌握这门语言。学习者只有经过大量的语言练习，在不同的情境中反复使用，才能掌握语言。但是，假如语法结构不是在真正的交流中使用，或不具有真正意义上的交际意图，那么学生仍不会成功地掌握英语。

3. 情境性原则

语法教学的情境性原则即教师应打破传统的英语语法教学模式，语法讲解应选用生活中的素材。另外，语法课堂活动的设计应尽可能是学生喜闻乐见的情境，用生动的语言解释语法点，引入时事、新闻、生活等场景，为学生提供真实的语言材料。

4. 情感原则

情感教育一直是一种高效的教学手段，在各种教学场景中都扮演着至关重要的角色。只有深入了解学生的情感状态，才能根据其情感变化，采用恰当的教学策略，从而实现高效的教学效果。在英语教学过程中，语言学习本身就是一种情感活动。因此，在进行语法教学时，教师应当善于洞察学生的情感需求，加强情感引导，以达到事半功倍的效果。

5. 针对性原则

语言教学还要遵循针对性原则，即对学生语法薄弱环节有针对性地进行教学。在大学英语教学中，班级大、人数多，学生语法基础差距较大，促使处于"两极"学生的进步是极为困难的事情。这需要教师了解学生的语法基础，对学生普遍存在的语法弱项进行集中讲授，对个别严重语法问题进行个别处理。对于语法基础好的班级，可以不用按照"讲解—操练—交互活动—针对性讲解"这样的流程，而是可以直接开展巩固性交互活动。

6. 比较原则

众所周知，英汉语言存在较大差异。在英语语法教学中，教师就可以借助汉语母语的特征，特别是英汉语言的差异，突出对比学习，促使以汉语为母语的学生的学习正迁移。对中国学生来说，英语属于印欧语系，汉语属于汉藏语系，二者除了在音、形上存在差异外，在语法规则上也有很大差别。中国学生自身具备的母语语法对其学习英语来说，既有消极影响，也有积极影响。

对于英语非谓语动词来说，其充分体现了英汉语言在句法上的差异。汉语中的谓语成分较为复杂，不受主语的支配，句子和句子之间没有明显的逻辑关系，所以汉语句子看起来较为松散，相反，英语句子中的动词可以根据其句法功能分为谓语动词和非谓语动词两种，句子和句子之间会用有明示关系的连词连接，所以英语句子更加完整且严谨。因此，在讲解英语非谓语动词这一语法项目时，教师就可以选取典型段落，通过翻译练习，让学生通过对比英汉语言直观地了解英汉句法特征的差异，从而加深学生对这一语法点的了解和掌握。

7. 综合性原则

在语法教学中，应当综合运用方法、内容和技能等多种要素，以达到综合性原则的目的，避免单一的教学方式。具体来说，实现语法教学的综合性原则应从以下几点入手：

（1）归纳和演绎相结合。由于归纳法和演绎法各有利弊，所以在英语语法教学中应将二者结合起来使用，做到以归纳为主、演绎为辅。

（2）隐性和显性相结合。语言学习的过程本身就是显性与隐性的结合，因此，在进行语法教学时应当遵循语法学习的规律，以隐性教学为主，并适当采用显性的教学方式，通过隐性的方式培养学生的语言运用能力，同时通过显性的方式增强学生的语法意识。

（3）语法与听、说、读、写活动相结合。由于语法是为听、说、读、写技能服务的，所以语法教学应该在这些活动之中展开，使语法更好地服务于交际。

8. 认知原则

从错误分析的结果看，致使学生出现错误的最主要因素是学生在学习语言的过程中普遍采用的认知手段——类推。也就是说，不管学习哪种语言，学生都会尽可能地发现规则，使自己掌握的语言知识形成一个系统。当学生发现自己的系统与目标系统产生差异时，他们就会及时地作出调整，使自己的系统与目标系统越来越接近。学生学习语言时，通常会采用四种认识方式：分析、综合、嵌入和配对。基于此，语法教材编写者必须注意学生在学习语言时的主观能动性，在安排语言材料、选择语法项目时，考虑对学生认知能力的利用与培养。

（三）大学英语语法学习与语法教学的内容

1. 语法学习

语法是语言学习的重要组成部分，其遵循学习的一般规律，但其也存在特殊性。因此，有必要先来了解语法学习的特征，找到制约语法学习的因素，突破阻碍学生语法学习的障碍，设计出更加有效的英语语法教学活动。

（1）语法自然习得论

由于母语中的语法学习是在自然环境中进行的，所以有人认为，不用专门学习语言就可以掌握语法的使用规则。可见,学习是无意识的。研究发现,在特定的教学法中,即便没有显性语法教学,学生也能学习语法。于是,有学者指出,学生不用专门的学习也可以掌握语法知识。

（2）语法学习序列论

外语习得的研究者发现,不管按照什么顺序教授语法,语法学习的顺序基本是固定的,所以在编写教材时,编写者会考虑语法的习得顺序。不难发现,英语教材中总是先简单句后复合句,先一般现在时后一般过去时,先肯定句后疑问句和否定句,在设计课堂教学活动时也应按照这一顺序。

（3）行为主义语法学习论

语言结构性的最好展示就是语法。因此,语法受结构主义和行为主义的影响极大。人们常常认为熟能生巧,所以认为语法学习也是如此,随着听说教学法和结构性教材的广泛应用,行为主义学习论在学习者中的地位日益凸显。很多学习者将大多数时间用于背诵和操练语法规则上,尽管这不一定符合机械训练的要求,且收效甚微,但仍是很多学习者学习语法的主要途径。

（4）语法学习交际论

由于语法学习是为交际服务的,所以要掌握语法知识也要通过应用来实现。在语言教学中,仅仅依赖于显性的语言知识并不能达到预期的效果,因此我们应该在学生的潜意识中培养他们在语言使用过程中的语法意识。因此,学习语法需要通过积极参与各种活动、进行有效的交际以及完成特定任务等多种方式,否则将无法达到语言交际的预期效果。

（5）显性语法学习和隐性语法学习

按照语言学习的规律,语法学习的过程分为两种方式：显性的和隐性的。显性语法学习即直接学习语法规则条文；隐性语法学习即通过对语法材料无意识接触的方式的学习。大量的实验结果表明,对语法的了解能提高语法的习得效率,但显性的知识很难内化成真实的交际能力,实现自然习得。语法学习的最佳途径在于将显性学习和隐性学习相互融合,以达到更高效的学习效果。通过显性学习和隐性语法习得两种形式的互动与整合,才能促进学习者掌握英语基本规则并运用到实际生活当中去。从另一个角度来看,语法在各种交际活动中的运用可以促进学生的语言运用能力的培养。

2.语法教学

从理论与知识结构的层面说，语法教学的内容涉及三个方面：语言形式/结构、意义/语义和语用。其中，语用是指语言在特定的语境和语篇中所扮演的表意角色，它涵盖了语法形式和结构的语义意义以及内容意义。语法教学的目标不仅在于使学生掌握语言的形式和意义，更在于使他们深刻理解语言形式的运用，从而赋予语法以交际的内涵。

二、"互联网+"背景下大学英语语法教学的方法

（一）利于多媒体创设语法教学情境

随着各国文化交流的愈加频繁，英语作为一种全球性的语言，有了更广泛的使用环境。在语法教学中，教师可以运用多媒体技术，构建一些与日常生活密切相关的语言情境，以提高教学效果，让学生通过角色扮演的形式开始语法学习。例如，在讲解 Going Shopping 一课时，教师可以先为学生播放一些自己设计好的或是网上搜到的与购物有关的二维动画，并要求学生用情境对话的形式在课堂上进行表演，这样学生在轻松的环境下，既掌握了语法知识，又提高了语言交际能力。

（二）学生借助多媒体感知英语语法

旨在培养学生对英语的感知能力，以促进其形成规范的英语思维，从而更好地理解和应用英语语法。在英语的授课过程中，教师可以从两个不同的角度来激发学生的感知能力。首先，借助阅读训练，培养学生对英语的感知能力，以提升其语言表达水平。其次，通过听力训练培养学生的英语感知能力。

对阅读培养而言，教师可以利用多媒体，如电视机、录像机、投影仪等，为学生提供多样化的阅读体验，激发他们的阅读热情。通过结合上下文语境，引导学生以积极主动的态度进行英语语法练习，从而主动总结和归纳阅读中的语法知识。多媒体辅助下的英语教学，不但可以使学生通过具体的文字图片材料理解语法知识，而且可以根据上下文理解词语的意思，最终形成良好的阅读习惯。

为了提高学生的综合英语实力，听力训练需要一定的语言输入，以激发学生对具体语法知识的感受，从而增强其应用能力。因此，为了更好地培养出具有较

强实践技能与文化素养的复合型人才,教师应将多媒体教学融入课堂上。通过运用多媒体技术进行听力训练,学生得以巩固已掌握的语法知识,并通过反复播放对话和断句,加强对语法的理解,从而培养出稳定的英语思维,最终提升口语表达的水平。

(三)多媒体应与常规教学媒体及教学手段结合

在当代英语教育领域,多媒体技术具备巨大的优越性,然而,传统媒介和手段的功效也不容忽视。在英语语法的授课过程中,教师应当巧妙地将多媒体技术与传统的教学媒介和手段相融合,以达到更高效率、更优效果。多媒体辅助外语教学应以传统教学方法为基础,再结合自身的优势。为了满足语法教学的需求,教师应当精心挑选适宜的媒介和方法,以充分发挥各自的长处。

在制作课件时,教师应考虑自身实际,合理安排制作课件的时间。在制作课件时,教师应尽量将自己的思想渗透其中,且不可过于花哨,要追求简单实用。

此外,英语教师在授课过程中,对于不同的学习阶段所需使用的课件,有着各自独特的要求和标准。一般而言,英语教师会将整个授课过程划分为五个部分,包括知识回顾、知识呈现、实践练习、技能操练以及知识巩固。在知识回顾阶段,最好避免使用演示文稿,以免干扰学生的学习效果。在知识呈现阶段,教师应当熟练地进行幻灯片的转换,以达到最佳的展示效果。在练习阶段,应给学生足够的思考和练习时间。在操练阶段,教师要组织学生开展大量的语言训练。①

第三节 大学英语听力教学创新

在日常的交际中,听力是极其重要的,听力活动在大学英语教学中必不可少。随着互联网技术的引入,教师在大学英语听力教学中可以选择多种资源,极大地丰富了英语听力的输入渠道,有助于激发学生的听力学习兴趣。因此,在大学英语听力教学中,互联网技术的引入更受重视。

---

① 顾照人. 多媒体技术在初中英语语法教学中的辅助作用 [J]. 校园英语(教研版),2012,(第2期):98.

一、大学英语听力教学简述

（一）大学英语听力教学的内容

大学英语听力教学的内容通常包括四个方面：听力知识、听力技能、听力理解和语感。

1. 听力知识

听力知识的掌握是听力能力提升的根基，对英语听力教学和听力学习来说都十分重要。一般来说，听力知识是由以下几个方面构成的：

（1）语音知识。听力理解首先需要输入听觉信息，因此了解语音知识对听力理解起着根基性的作用。语音知识的教学也是听力教学的重中之重，直接影响学生后续听力水平的提高。

（2）听力策略。听力策略知识对于听力任务的完成十分重要。具备了一定的听力策略，学生就可以根据实际情况进行听力方式的选择，从而增加了听力活动的灵活度。

（3）文化知识。听力语言材料中通常包含广泛、丰富的文化信息。英语听力中包含着两种甚至多种文化，如果学生不了解一定的文化常识，是无法顺利进行听力实践的。

（4）语用知识。在听力材料中通常也会涉及一些有关言谈交际的话题和材料。此外，交际中的会话含义是普遍存在的现象，对这些材料的理解通常需要借助于相应的语用知识来把握。

2. 听力技能

听力技能属于较高层次的实际运用语言的能力，要想较好地改善学生费时低效的听力学习现状并提高听力教学效果，需要重视听力技能的培养。具体来说，听力技能主要包括以下几个方面：

（1）交际信息辨别能力。在进行听力活动时能够体现出其交际性。大体而言，听力材料都是由交际性语言组成的，因此学生掌握交际信息辨别能力十分有必要。

（2）辨音能力。在听力理解的过程中，学生需要具备基本的辨音能力。例如，辨别音位、语调、重读音节等。

（3）预测能力。预测能力指的是根据一定的语境信息以及已有知识来预测下文语言话题的发展与转向，这在听力实践中也十分重要。在听力教学中，对学生预测能力的锻炼有助于学生提升其听力效率。

（4）大意理解能力。这项听力技能的教学内容主要是要求学生能够及时抓住交际者的意图等。

（5）词义猜测能力。在听力实践过程中，听者不可避免地会遇到一些陌生的词汇，此时如果听者一直思考生词词义，则有可能影响后续听力信息的接收。具备词义猜测能力是一名合格的听者的必要条件，常用的词义猜测方式有根据上下文判断、借助整体语境、搜寻已有信息等。

（6）推理判断能力。交际是交际者在一定的交际目的下进行的，因此言语不仅能够表达出一定的话语信息，还体现着说话者的交际信息。听者需要根据一定的推理判断，去揣摩说话者的意图，从而保证交际的顺利进行。

3. 听力理解

听力理解不仅包括语言的字面含义，还涉及语言背后的深层含义。在实际的听力教学中，教师不仅需要教授给学生具体的听力知识、技能和策略，还需要提高学生的听力理解能力。

（1）辨认。在听力理解中，辨认是前提，同时也是听力活动发展的基础。语音辨认、信息辨认与意图辨认是辨认的主要内容。其中，语音辨认是最简单的，只要学生掌握了一定的英语知识即可，最困难的为意图辨认，不仅需要听者以语音、信息辨认为前提，还需要积极发挥自己的交际能力和文化能力。进行辨认能力训练，教师可以采用乱序训练法，将一个完整的听力材料打乱顺序，要求学生进行重新排列，并指出每一部分所对应的辨认方面。

（2）转换。听力理解中的转换指的是将所听材料中的内容转换为图表的能力。这种转换不仅需要听者辨别听力材料中的短句与句型，同时还需要运用已知信息进行适当转换，这是对听者能力的考验，也是听力理解的第二个层次。

（3）重组与再现。听力理解的第三个层次是重组与再现，这需要教师对学生的口、笔能力进行提高。

（4）社会含义。听力活动属于交际活动的范畴，在语言上有着礼貌、得体的特征。因此，在进行听力理解时需要听者仔细把握原文，对其社会含义进行准确理解。听力语言形式十分丰富，会涉及不同的话题，教师要训练学生根据不同语境进行描述的能力，同时在描述过程中还需要学生理解语言背后的深层内涵，从而促进听力活动的进行。

（5）评价与应用。对听力语言进行重组、评价、应用是听力理解的最后层次，也是难度最大的内容。听力理解带有目的性、交际性，需要听者明确交际意图，并进行语言回应与沟通。因此，在听力教学过程中，教师需要锻炼学生在不同的听力理解层次进行灵活的听力行为。此外，为了提高学生的评价与应用能力，教师可以在教学中增加听力讨论与交际的练习。

4. 语感

所谓语感，指的是对语言的感悟能力，这种感悟带有直接性，但是可以通过不断的锻炼来提高。在听力活动中，即使缺乏一定的语境条件和必要信息，良好的语感也能够帮助听者进行语言行为的预测与判断，从而促进听力活动的进行。

（二）大学英语听力教学的原则

从本质上来讲，大学英语教学中的"听"是对口头信息的理解。近年来，虽然教师加大了对听力技能的训练，但是成效并不明显，原因之一就是教师在听力教学中没有遵循适当的原则。对此，下面介绍几点听力教学原则，以供参考。

1. 渐进性原则

英语听力学习是一个循序渐进的过程，而不是一蹴而就的。循序渐进原则主要体现在听力材料的选择上，教师应该从学生的实际情况出发选择适合学生的听力材料，做到从简单到复杂。在听力教学的初期，应该选择那些语速较慢、吐字清晰、连读情况较少的材料。

另外，听力材料的语音、语调要尽量真实、自然，符合实际交际场合中的说话风格。另外，听力内容可以选择新闻、热点，也可以选择故事、日常生活会话，无论是哪一种，都要尽可能地调动学生的积极性和主动性，让学生在听力教学的过程中学有所得。

2. 多样性原则

学生培养听力的重要途径就是在课堂上听教师的讲解。因此，在实际的听力教学中，教师可以按照由慢速到快速、由简单到复杂的原则组织教学，并且鼓励每一位学生大胆讲英语，发表自己的见解，以创造浓厚的学习氛围。

此外，教师应该从不同的教学目标出发，选择多样的听力材料和训练模式。例如，如果目的是让学生对语音进行区分，那么教师可以给予学生几组发音相似的词汇，让学生边辨别边体会；如果目的是让学生归纳文章的主旨大意，那么可以允许学生用母语作答等。

3. 交际性原则

培养学生的英语交际能力是英语教学的最终目标，大学英语听力教学也毫不例外。因此，交际性原则是听力教学的根本性原则。在听力教学过程中，教师应严格要求自己，做到发音准确、语速正常，身体力行地引导学生使用英语进行交际。

4. 听觉与视觉相关联原则

听觉与视觉相关联原则需要引导学生注意视觉信息、听觉信息，另外还需要引导学生利用已有知识。

（1）引导学生注意视觉信息。在英语听力教学中，教师可以运用图片、图表、文字等工具为学生提供视觉层面的信息。很多人认为，听力理解的信息应该是听觉信息，但是那些与听力相关的图片、图表、文字等也对学生的听力理解有很大帮助。

例如，在英语新闻报道中，电视屏幕下方的新闻关键词对于理解新闻信息有很大的帮助。同样，那些与听力内容有关的图画或者画面也有助于理解听力材料。因此，在英语听力教学中，教师应该运用各种方式来引导学生注意视觉信息，从而帮助学生对听力材料的内容加以理解，进而提升学生自身的听力水平。

（2）引导学生注意听觉信息。听觉信息主要包含语气和语调两部分。一般情况下，对于同样的一句话，不同的人往往具有不同的语气和语调，他们的语义也会不同。

很多时候，学生可能对于所听到的内容呈现出不太确定或者不太理解的状态，但是通过该语言材料的语气、语调会对话语的意图进行确定，如是夸张语气还是委婉语气；是喜悦语气还是悲伤语气；是幽默语气还是愤怒语气等。因此，教师应该为学生选择一些带有语气、语调的听力资料，让学生能够将语言材料的内容与语气、语调相结合，形成一个个图式，并将该图式内化到该材料知识体系中，因为这样才能帮助学生解决以后遇到的类似情况。

（三）大学英语口语学习中存在的问题

英语学习者一直在苦苦地寻找一种有效的英语学习方法，但却一次又一次地面临着问题。许多人在提升英语口语能力方面遇到了困难，其中一个原因是他们的认知存在错误。在口语学习中，有两种常见的现象：一种是因为担心自己的口语表达不够流畅而感到羞于启齿；另一种则是口若悬河，对对方的反应置若罔闻。这两种情况都不利于语言输出和交际效果的改善。在前一种情形下，学习者过于追求完美，为了表达完美的言辞，宁愿舍弃与他人交流的机会；在后一种情况下，学习者认为流畅至上，忽视了语言交际的互动性。

对于初学英语口语的学生而言，在面对口语表达的困难时，常常会遇到心理障碍，这是因为他们未能妥善处理准确性和流利性之间的关系，过于强调语言的准确性。在追求语言准确性的过程中，若过于强调语言形式的准确性，而忽视了流利性，往往会导致语言交际的不顺畅。为了克服"难言之隐"的问题，学习者必须铭记真正的交际是意义的传递，而语法则是对句子规范程度的监控，旨在为有效表达意义提供服务。所以，切不可为了追求语言的准确性而牺牲锻炼英语口语的机会。

有些人错误地认为说得越多、说得越快就代表英语口语水平高。固然，真正做到语音、语调正确优美，英语表达滔滔不绝，的确是一件不容易的事情。但是，这还远远不够。成功的语言交际，语法除了正确，还要运用得当，即所言之语，必须同时符合语法规范、说话者身份以及言语情境。此外，言语交流具有双向性质，一个人口若悬河而不顾对方的反应，或答非所问，即便讲话人的英语如何流利，也不能算作成功的交际。总之，在英语口语学习中，要正确处理好准确性和流利性的关系，既不能为了追求准确性而牺牲流利性，也不能为了追求流利性而一个人滔滔不绝，不给对方反馈的机会。

在英语学习的道路上，寻找与自身特点相契合的学习策略是至关重要的。鉴于成人工作和学习的特殊性，学习者可以参加成人英语培训班，聘请专业的英语教师进行个性化教学，将会事半功倍。

随着全球一体化进程的不断推进，国际社会之间的互动与交流变得越来越频繁，因此，使用英语进行有效的沟通与交流变得越来越重要。在这种形势下，我们必须把英语教学作为一项交际活动来抓，使学生掌握一定的听说技能。因此，外语教育工作者所面临的紧迫使命在于培养那些能够以英语进行高效、得体、深入交流的、有价值的人才。这就要求我们在课堂教学中要把提高学生英语口语能力作为英语教学的一项基本内容和主要目标。由于受到传统教育模式的束缚，教师往往以讲授为主，而忽略了训练学生听、说技能的重要性，使他们缺乏运用所学知识与实际相结合的机会，导致其英语口语水平低下。幸运的是，近年来，随着课程改革的不断深入，特别是素质教育的广泛推广，外语教学环境变得更加宽松，教师的教学理念也得到了更新，外语教学中采用了一系列新的教学法，如视听法、交际法、直接法、认知教学法等，旨在培养学生的听说能力。

1. 母语的干扰

母语的干扰指的是母语对于正确掌握外语或第二语言（英语）的学习产生了干扰，这种干扰是由于母语（汉语）的影响所导致的。当中国学生开始学习英语时，他们通常已经掌握了汉语语法和习惯用法，这无疑会对他们的英语学习产生负面影响，即所谓的负迁移（negative transfer）。外语学习之初，母语对其产生的干扰就已经开始显现。外语学习的起点通常是在学习者已经掌握了母语的前提下。因此，如果一个人已经学会了某种语言而又不能直接使用它进行交际，那么他所受到的影响将远远超过他本身所学到的东西。在学生的外语学习过程中，这种干扰表现得尤为突出。当他们遭遇到一种新的语言现象时，他们会不自觉地运用自己的母语进行思维和对比，这种行为既有主动的，也有被动的。当遇到与本民族语完全不同的词汇时，会感到十分困惑而产生错误发音。久而久之，必然会对学生的英语发音和语言表达的准确性产生影响。

作为一种表意语言，汉语的发音系统与英语（表音语言）的发音系统存在显著的差异。由于母语在学习过程中对学习者产生干扰作用，使他们很难掌握正确而规范的发音方法和规律。研究表明，中国学生提高实际外语运用能力的一个重要障碍在于其语音表达能力的不足。目前我国高校普遍存在着重读写、轻听说的现象，这也成为制约大学英语教学水平提升的主要障碍之一。由于语音表达不佳，导致学生在听力和口语方面难以取得进展。因此，在口语教学中，特别是在基础阶段，有必要对汉语和英语的发音系统以及语音系统进行有针对性的对比分析，避免出现负迁移。通常情况下，英语中与母语相同的现象容易被学生所掌握，但与母语不同的现象，特别是那些相似但又有差异的现象，则难以掌握。因此，英语教师在口语教学中应该有意识地比较母语和英语在发音和语音方面的差异与相似之处，以便找出它们之间的区别。在元音方面，英语的元音分类比汉语更为细致，尽管有些元音之间的差异并不十分明显，比如说：

[i:] seat team

[i] give pick

[e] ten very

[A]cat fat 等。

在辅音方面，英语清浊成对的辅音占绝大多数，如 [p] 与 [b]、[t] 与 [d]、[k] 与 [g]、[f] 与 [v]、[tf] 与 [df]、[ts] 与 [dz]、[tr] 与 [dr]，而在汉语普通话中，许多辅音的特征，主要是送气与不送气，如 p—b、t—d、k—g、j—q—x、zh—ch—sh、z—c—s。又如声调与语调在英语和汉语中的作用是完全不同的，英语是一种语调语言，英语句子中，每个单词的声调是由它在句型中所处的地位和说话人对它的态度决定的，单词的声调一般分为平调、升调、降调、降平调。比如：Can you speak English？ Now it is your turn to speak English. 第一句中的"English"为平调，第二句中的"English"为降调，而汉语为声调语言，汉字的声调分为阴平、阳平、上声和去声，其声调不能改变，否则就变成另外一个汉字，如方（fāng）、防（fáng）、仿（fǎng）、放（fàng），而英语中任何一个单词，如 Englīsh 、Englísh 、Englǐsh 、Englìsh 加上声调后，并不改变其 English（英语）的意义。通过对比，学生可以从根本上克服汉语方言习惯对英语语言的负面影响，从而避免英语学习者"南腔北调"的语音。但需要注意的是，这种对比只是有针对性地比较那些与母语不同或相似但又有不同之处的语言现象，如果将所有现象都拿来对比，将不利于培养学生的外语思维。

2.思维模式及语言结构表达差异

在进行英语口语表达时，养成以英语思维为基础的习惯，是确保表达标准英语的根本保障。然而，了解东西方思维方式和表达习惯的差异，则是说地道英语的前提条件。众所周知，不同的思维方式决定了不同的语言表达形式。西方国家的思维过程比较严谨，注重逻辑论证，语言简洁明快，富于节奏感。因此，西方人在表达事物时，通常会先进行概括，然后再进行分析；相较之下，中国人在表达事物时，一般是遵循时间和事理的发展顺序，由因到果，由先到后进行排列，例如：今天下午在学院礼堂我院学生将参加一场英语辩论会，此句中文的排列语序为：时间状语＋地点状语＋定语＋状＋谓＋宾语，而英语则是 The Students of our college are going to participate in the English party at the college auditorium this afternoon．语序恰好与汉语相反，又如"我原先打算七月一日去香港旅游，后来不得不取消，这使我很扫兴"，中国学生通常按中文语序来表达此句英文，把语义重心放在后面。实际上，按英语思维习惯，应先概括后分析，将语义重心放在前面。此句的英文表达应为"It was a deep disappointment that I had to cancel the visit I had intended to pay to Hong Kong on July 1st."根据心理学家的观察，人们倾向于接受那些与其思维模式相符的事物，而那些与其思维模式不相符的事物则被视为不符合逻辑。吕叔湘先生说："英语对咱们是外国语，汉语是咱们的本族语，要是我们不帮着学习者去比较，他们自己没办法比较，而只见其同，不见其异"。所以，我们必须把培养学生运用英语进行交际能力放在首要位置，使学生具有良好的思维能力、较高的英语水平。在英语学习中，我们可以秉持这一理念，有意识地比较英汉思维模式中的差异部分，以了解思维模式对语言表达的影响，从而消除汉语思维的干扰，从根本上解决英语表达能力的问题，以准确而得体的方式传递信息。

3. 用英语思维的习惯

英语思维是指在不受本族语干扰的情况下，运用英语进行直接理解、判断和表达的能力。从某种意义上讲，能不能运用英语思维，决定着一个人能否顺利掌握所学知识和技能。那些未经过英语思维能力训练的人，通常会将所听之物翻译成其母语，并将其储存于记忆之中。在进行表达之前，先将他想要表达的语义信息，也就是他脑海中下意识地探索母语表达方式的过程翻译成英语，这样就使大脑中积累了大量的汉语成分。这一做法会对学习目的语产生干扰。这样借助于母语表达出来的东西是不可能地道的，大都是 Chinglish（中式英语）。比如，让别人先进门或先上车时，一些英语学习者根据汉语表达习惯常说成："You go first"，或"Go first, please"。而地道的英语表达是"After you"。再比如，中国人与朋友道别时，经常说"走好""慢走"之类的客套语。一些喜欢用母语思维的英语学习者不了解英美人士常常用微微一笑并作个表示再见的手势来告别，他们会习惯地说"Go slowly"或"Walk slowly"。这些说法听起来很不自然。采用此种方式与他人互动时，常常会遇到沟通上的障碍，甚至可能导致失败。在英语口语教学中，应该培养学生在聆听过程中直接运用英语，将所听到和理解的内容存储于记忆中的习惯，同时鼓励他们克服母语干扰，养成直接使用英语表达的良好习惯。这就要求教师在课堂教学中要创设一个能使学生积极参与语言实践并不断提高自己口语表达能力的情境。通过一系列积极主动的思维活动，引导学生深入理解和有效表达思想，并将所学信息转化为实际应用。只有在积极思考和表达的过程中，学生才能锻炼英语口语交际技能。

4. 说语言的习惯

在欧美行为主义心理学和结构主义语言学的基础上，20世纪60年代以前形成的语言对比分析理论认为，外语学习是一种由母语习惯向外语习惯的演变过程。这一观点一直沿用至今。英语口语教学的目标在于培养学生的口语交际能力，其主要目的在于引导学生养成良好的口头交际习惯，以达到语言表达清晰、流畅、意义明确的效果。在英语学习的基础阶段，中国学生通常会采用母语替代英语表达，或者在说英语的过程中，偶尔会出现口头禅等表达方式，如 Yes、All right、OK 等。如果这种习惯长期存在，将会对口语表达的准确性和流畅性造成严重影响。

5. 语音语调问题

即便英语学习者拥有丰富的语言知识和强大的语用能力，若其语言基础不佳，其所说的英语也难以达到纯正的标准。因此，在学生学习英语的基础阶段，口语教师应高度重视语音和语调的教学，包括单词的发音、句子的重音、强弱读式和节奏等方面的教学，以确保学习者能够学得纯正的英语发音。

6. 心理因素

美国心理语言学和教学法教授克拉申（Krashen）曾指出：学习外语，要集中解决两个问题，一是，CI 的问题（Comprehensible Input）；二是，解除心理障碍问题。[①]可见，心理障碍是英语学习的一大问题，而其对英语口语提高的影响更为严重。许多学生在课堂上表现出对提问和回答问题的冷淡、胆怯的态度。首先，这是由于许多学校的教师为了追求升学率，只注重语法和词汇等方面的教学，而对口语操练的重视程度不够；其次，部分学生在英语基础方面存在欠缺，其发音深受方言影响，缺乏语感；最后也是至关重要的，即心理障碍，由于母语的干扰

---

① 张敏，王大平，杨桂秋. 英语教学改革与创新研究 [M]. 北京：九州出版社，2018.

和缺乏真实的语言环境,学生在英语交际中无法直接用英语表达,总是渴望将其翻译成汉语;频繁地在人前犯错,引发了一种深深的羞耻情感;那些意志薄弱的人,在遇到困难时会选择退缩。因为心理障碍对学生英语口语学习的影响极大,因此帮助他们克服这些障碍是提高英语口语水平的关键所在。

7. 文化因素

语言的习得是一项文化适应的过程,语言的存在离不开文化的熏陶,同时也受到社会传承下来的各种行为和信仰的影响。因此,要想提高英语学习者的英语水平,就应了解并掌握一些基本的文化差异,如地域差异、宗教信仰等方面。据文化语言学家所言,语言作为文化的媒介,承载着一个民族的文化,是文化的重要组成部分。因此,在学习英语语言的同时,需要掌握该语言的文化背景知识。若脱离对文化知识的深入学习,语言的得体性将不复存在,从而增加了交际错误的风险。例如,对中国人来说,问一些诸如年龄、收入、财产、婚姻、家庭私事等属于乐于交谈的问题,而对英美国家的人来说,以上问题被认为是"offensive, nosy questions"(无礼,爱管闲事),甚至认为侵犯了他们的隐私,在交际中,犯这样的错误,就是缺少了解文化背景知识导致的。因此,教师在教学过程中不仅需要传授语言知识,还需要传授文化知识。

8. 语言环境

根据语言学家的研究,人类的语言能力发展受到语言环境的制约,因为语言环境是人类习得语言的先决条件。用25年的时间学习了16种语言的匈牙利人卡莫·洛姆布说:外语好比碉堡,必须同时从四面八方向它围攻:读报纸、听广播、看原文电影、听外语讲演、攻读课本、和外国朋友通信、来往、交谈等等。显而易见,语言的本质与其所处的环境息息相关。在优越的语言环境下,学习语言的速度和质量都得到了显著的提升。对于那些已经具备一定语言知识和会话基础的英语学习者而言,与外籍人士直接对话是最为有效的口语学习方法。因为在他们看来,通过听外国朋友说话,能更快地获得大量信息,提高交际能力。

9. 有效语言输入问题

美国应用语言学家克拉申(Krashen)认为,语言习得是通过最佳语言输入来完成的,且是可理解的(即完整意义)和大量的。[①] 在外语学习中,所谓输入,

---

① 汤海丽. 高校英语信息化教学改革与微课教学模式探究[M]. 北京:冶金工业出版社,2018.

就是指读和听；所谓输出，就是指写和说。当我们希望学生能说或写英语，也就是要他们能"输出"时，我们要给他们足够的机会，让他们听和读，也就是"输入"语言材料。我们自己没有给学生以足够的"输入"，就要求他们"输出"，要求他们会说、会写，这是不可能的，对学生也是不公正的；另一方面，根据语言习得的规律，在会听和会说、会读和会写之间，有一个语言机制转变的过程，必须在听到或读到相当量的语言符号之后，才能逐步转化为说或写的能力。人们在接受输入信息的过程中，通过听觉和阅读不断吸纳、聚合，从而形成了知识的积累。接下来，以口头和书面的方式，运用转化和扩散的表达方式，将信息输出。聆听是获取知识和信息的重要途径，同时也是学习言语表达的首要步骤。为了确保学生大量聆听，突出听的活动，使输入的总量超过输出的总量，需要采取措施。只有通过频繁的语言接触，学生才能逐渐将规则内化并吸收扩大词汇量，从而掌握正确的思维表达方式，培养语感并提高口头表达能力。在英语口语的学习过程中，大量的阅读和背诵训练是不可或缺的一环。埃克斯（英）说过："学英语不是也不应当是学习'语法规则'而应当是学习句型，要运用句型达到自动化程度，就像呼吸一样是不假思索的"。[①] 熟记于心的事物常常能够轻易地脱口而出，同时也为口语训练注入了勇气和信心。因此，在学习过程中，学生应该注意积累大量的词汇、短语和句子，这样才能保证较强的表达能力。当然，要提升英语口语水平，最根本也最重要的是不断地进行口语训练和实践，这是不可或缺的。只有反复训练才能使学习者形成正确发音，掌握好英语国家特有的语言规则。通过不断地说和练习，逐渐形成自己的学习能力，优化语音语调，提升语言表达能力和流畅度，最终实现口若悬河的效果。

总之，影响口头表达能力的因素远不止于此，它还涉及更广泛的方面，如年龄因素、性格差异、社会文化环境及教育方法等等。口语表达的提高受到智力、情感和个性等多方面因素的影响。只要我们的英语教师在授课过程中不断探索语言和教学的内在规律，那么我们就能够获得更好的教学效果。通过对学生在语言交际中遇到的问题进行深入分析并积极探索研究，我们可以促进教学，提高学生的英语交际能力。

[①] 陈莉. 英语教学与互联网技术 [M]. 北京：光明日报出版社，2017.

二、"互联网+"背景下大学英语听力教学的方法

在互联网技术下,大学英语听力教学不仅有助于提高教师的教学效果,也有助于提升学生的听力水平,这可以为学生的英语听力教学带来广阔的空间。那么,如何将互联网技术准确、合理地应用到大学英语听力教学中呢?当前,在我国的英语教学中,强调的是以学生为中心的自主学习,即由教师进行指导并鼓励学生积极参与学习,而不是缺乏教师的指导的自学。因此,互联网技术下的大学英语听力教学不能忽视教师的作用,否则就不能取得应有的教学效果。利用互联网技术培养学生的听力能力,教师可从以下两个层面着手:

(一)建构听力学习环境

听的本质是一种交际活动,学习成功与否的关键因素在于学生。基于这两点考虑,在听力课堂上,教师应该充分利用现代信息技术,为学生构建良好的自主学习环境。具体来说,教师应该做到以下几点:

(1)为学生创建丰富的、真实的、有助于听力理解的交际语境,使学生犹如身处真实的语境中听一样,使他们能够感受到听的实用性,进而增加学习的兴趣和愿望。

(2)利用多媒体资源丰富听力教学,激发学生的学习兴趣。

(3)选用真实的听力材料,这样一方面能够增强学生对学习内容的认同感,另一方面也能使学生接触地道的语音、表达,有助于学生在日后实际的对外交往中听得更准。

(4)设计与真实语篇相关的课堂活动,采取小组合作的教学活动,从而减少学生对教师的依赖感,缓解学生的不安情绪,引导学生在协作互动中迸发出思想的火花,激发学习的主动性。

(5)为学生提供合作互动、沟通交流的机会,使学生在参与中逐渐掌握学习的方法,找到学习的乐趣,增强学习的动力。

(6)教授学生一些对所听内容进行评论、提问的反馈语,如"Really?""I don't think I understand you. Could you say that again?""I beg your pardon."等,使对话继续下去。

（二）培养听力自主决策能力

在互联网环境下，学生听力自主决策能力的培养要注意以下两方面：

（1）学习并掌握获取信息的硬件知识。只有掌握了现代信息技术的操作技能，学生才能实现与老师或者同学通过网络技术的实时交流。

（2）要培养掌握、收集、整理、利用信息的能力。学生要能根据教师布置的学习任务，借助现代信息技术自行搜索、采集信息，对获取的信息进行分析、整理，并充分利用这些信息提高语言能力。此外，还要通过现代信息技术，让学生对自主学习的效果进行评价。

总之，借助互联网技术所提供的网络化虚拟课堂，学生的角色发生了转变，他们从知识的被动接受者转为听力理解过程中的自主建构者。他们以自己的整个身心去感受听力语篇中呈现的各类信息，同时借助互联网将自己的观点与思想生动地传达出来，主动参与学习交互活动，培养了自主学习的能力。

第四节　大学英语口语教学创新

口头表达是人类社会中最常用的交际工具之一，它通过面对面的交流方式，让人与人进行互动和交流。因此，口语对于英语综合运用能力的提升十分重要，口语教学也就成为大学英语教学体系中的重要组成部分。随着互联网技术的引入，大学英语口语教学比传统口语教学有着明显的优势，不仅有助于营造良好的语言环境，还有助于提升英语听说能力。下面就来分析"互联网+"背景下大学英语口语教学：

一、大学英语口语教学概述

（一）大学英语口语教学的内容

大学英语口语教学的目标在于培养和提升学生的英语口语表达能力和交际技巧，这是我们不断努力的方向，因此语音训练、词汇和语法、会话技巧、交际策略等是大学英语口语教学的主要内容。

1. 语音训练

英语口语训练应以英语语音为前提，帮助学生掌握正确的语音、语调是语音训练的首要目标，具体涉及停顿、弱读、重读、连读、音节等。如果没有掌握规范的发音，不仅难以表达自己的观点，而且会为对方带来理解方面的障碍。

（1）英语中使用降调的句子一般包括不能用 Yes 和 No 来回答的问句、附加问句、感叹句、命令句、肯定句等。例如：

She is a popular singer, isn't she ? ↓

How beautiful this necklace is ! ↓

Where are you going ? ↓

Take me to the post office. ↓

I went to the cinema last week. ↓

（2）英语中，可用 Yes 和 No 回答的疑问句通常使用升调。当对别人的话语进行重复时，也常使用升调。例如：

Are you ready ? ↑

A：This is a typewriter. ↑

B：Typewriter. ↑

（3）有一些句子，当表达不同的含义时应使用不同的语调。例如：

A：This movie is boring.

B1：It ↗ is.（表达肯定语气，用升调）

B2：It ↘ is.（表达怀疑语气，用降调）

B3：It ↘↗ is ?（表达责备语气，即"你怎么可以这样认为"同时使用降调和升调）

（4）当口语中出现事物的罗列或者选择疑问句时，通常在前半部分使用升调，在后半部分使用降调。例如：

I like apple ↑ , orange ↑ and water melon ↓ .

Are you English ↑ or Chinese ? ↓

不难发现，语句的含义与语调之间存在密切联系，教师应引导学生对不同语调对意义的影响予以重视。

2. 词汇和语法

在口语表达过程中，词汇与语法发挥着不可替代的作用。具体来说，如果没有足够的词汇储备，很多思想、观点就无法准确表达出来；如果没有基本的语法知识，句子内部的逻辑关系就容易出现混乱，交际也就难以顺利进行。所以，词汇与语法也是大学英语口语教学不可或缺的内容。

3. 会话技巧

培养和提高学生的口语表达能力，使他们能对一些会话技巧进行熟练运用，从而使交际得以顺利进行是口语教学的根本目标。因此，会话技巧也是大学英语口语教学的重要组成部分。

4. 交际策略

所谓交际策略，是指"当某语言使用者在话语计划阶段，由于自身语言方面的不足，而无法表达其想要表达思想时所采取的策略"。[①] 在交际过程中，为克服因语言能力不足而导致交际困难，交际者使用语言或非语言手段的能力即为交际策略能力。交际策略也是大学英语口语教学的重要内容。

口语交际活动往往不可预测，因此交际过程中遇到尴尬局面是难免的，这就要求交际者具备一定的交际策略能力，以便在需要时借助交际策略来解决遇到的困难，促使交际顺利进行。策略能力包括两个方面：一是发生困难时使对方理解自己讲话内容的能力，这一能力被称为"补偿能力"（compensation）；二是在发生理解困难时获取意义的能力，这一能力被称为"协商能力"（negotiation competence）

一般来说，补偿能力主要包括如下几个方面：

（1）使用会话填补词。在交际过程中，有时交际者可能会一时想不出想要使用的语言，这时可适当用一些填补词，如"and you see..." "Er, that's a very interesting question..." "Well...let me think"等，一边说一边思考，控制说话节奏，确保讲话连贯。

（2）使用同义词或类别词。在交际过程中，如果交际者缺乏关于某一话题的词汇，可采用自己熟悉的同义词来代替，如用 dark 来代替 gloomy。

（3）使用肢体语言。在交际过程中，交际者也可适当借助肢体语言来表达自己的观点与看法，保证交际顺利进行。

协商能力包括澄清信号。在交际过程中，如果听话人没有完全理解讲话人的语言，或没能听清讲话人的意思，这时听话人可请求重复，或直接要求讲话人加

---

① 刘翊，许清然，嵩贺. 英语口语教学理论与实践[M]. 延吉：延边大学出版社，2019.

以解释，如"Pardon？""What do you mean by saying？""What does...mean？"等。通过运用这一交际策略，交际者可将自己的意思清晰地传达出来，使交际渠道畅通，从而使交际顺利开展。

在大学英语口语教学过程中，教师应注意向学生介绍一些英语国家人们的交际策略，使学生了解英语语言规则和交际规则，提高英语口语交际能力，在交际过程中更好地让自己的讲话内容被对方所理解，并更好地理解对方的语言，提高和改善跨文化交际效果。

（二）大学英语口语教学的原则

要想更好地开展大学英语口语教学，需坚持如下几项原则：

1. 鼓励性原则

一般来说，学生的口语表达不仅受语言因素的影响，还常常受到一些非语言因素的影响，如心理因素、文化因素、生理因素、情感因素、角色关系因素等，使很多学生在口语练习中不愿意开口。著名学者崔（Tsui）于1996年围绕"学生不愿意开口说英语"这一主题开展了专项调查研究，并将其原因总结为以下五个方面：

（1）学生担心说错让其他同学耻笑而不愿说。

（2）学生认为自己的语言水平低，因此不愿意说。

（3）教师提出的问题难度过大，学生不理解。

（4）话题分配得不均匀。

（5）教师提问时对沉默难以容忍，学生不愿意回答，结果无非是两种，一是教师自问自答，二是由成绩好的学生开头说。

因此，为使学生更加积极地参与到口语练习中，教师应为学生设计一些有意义的活动，并营造出一个较为安全的学习环境。在著名学者纽南（Nunan）看来，鼓励学生并使他们大胆说英语是口语教学中一项很重要的原则，因此教师应为学生创设更多有意义的语境。[①] 在这样的语境下，学生不会担心受到嘲笑，能更好地进行口语练习。针对一些口语基础较差的学生，教师可考虑采取"脚架式"的教学方法，使教学策略符合学生的状况。

---

① 王雅琴，徐未芳，杨巧章. 自主学习导向下的大学英语教学法革新路径探索[M]. 长春:吉林大学出版社, 2019.

2. 互动性原则

机械练习在口语教学中极易使学生感到枯燥乏味，打击学生的兴趣与信心。因此，口语教学还应坚持互动性原则，使口语训练充满互动性，使学生能够在互动练习中不断提高口语表达技能。根据互动性原则的要求，教师为学生设计的话题应能够使学生展开互动性的练习活动。换句话说，"动"是互动性原则的核心。

如果教师采取传统的口语教学模式，在课堂上仍以提问、回答为主要方法，则学生对口语表达的参与是被动的，这会影响学生口语能力的提升。因此，教师可采取多种多样的方法，如角色扮演、对话练习、小组讨论等，使学生之间进行有效的互动练习，从而打破呆板的课堂气氛，为学生营造一种愉快、轻松的学习环境，使他们的思维始终处于活跃状态，进而全面提高他们的口语表达能力。

3. 渐进性原则

口语能力的提升常常需要一个日积月累的过程，因此口语教学应层层深入、由易到难、循序渐进地展开。例如，我国大学的学生通常来自全国各地，很多学生的英语口语表达都会或多或少受到方言的影响。面对这样的情况，教师应分析学生的语音特点与发音困难，进而为学生纠正发音提出建议与指导，使学生按照由易到难的顺序，从语音、语调、句子、语段等层面逐渐提高，主动、积极地说出发音规范的英语。需要注意的是，教学目标的设计要科学合理，过高的目标会给学生带来过多的心理压力，过低的目标难以调动学生的积极性与兴趣，因此教学目标既不能过高也不能过低。

4. 先听后说原则

听与说是一个问题的两个方面，二者之间存在相辅相成的关系。具体来说，说以听为前提。在具体的口语交际过程中，只有首先听懂对方的话语，才能据此进行回应，使交际顺利进行下去。在大学口语教学过程中，学生通常先通过听来进行词汇量与语言信息的积累。当这种积累达到一定程度之后，学生的表达欲望也逐渐被调动起来，他们就会尝试着进行口语表达，进而实现真正意义上的口语交际。如果没有听的积累，就不会有说的能力。可见，在口语教学中应坚持先听后说原则，从而使学生在听的基础上积累，通过听来不断提升说的技能。

二、"互联网+"背景下大学英语口语教学的方法

传统的口语教学已经很难满足当前时代发展的需求，因此基于互联网技术的口语教学应运而生，并在当前的大学英语教学中起着重要作用。那么，互联网环境下大学英语口语教学该如何展开呢？具体来说，教师可以从如下几点着手：

（1）课外教学与课内教学紧密结合。大学英语课时是有限的，因此仅仅依靠课堂是远远不能满足学生需求的，还需要对可以利用的环境加以利用。课外教学是课内教学的补充和延伸，教师积极策划多样化的课外活动，以丰富的课堂内容为基础，引导学生参与多元化的课外学习，如英语演讲、短剧表演、作文比赛、举办班会等，同时鼓励学生拍摄视频，在多媒体教室中进行播放，其他学生根据他们的表演情况进行评判，从而取长补短。另外，教师还可以邀请一些外籍教师做专门的讲座，创办专门的英语期刊、设立英语广播等，让学生体会到口语学习的乐趣，更加热爱学习。

（2）注重网络测试与实施人机对话训练。"互联网+"背景下的口语学习涉及学生自我测试评估口语水平、人机交互口语练习、教师布置和批改口语作业等。为了促进学生的自主学习，教师在课堂上布置预习任务，鼓励学生进行自主学习。

（3）注重过程评价与教师科研相结合。教学与科研是同步相关的，教学对科研有促进作用，而科研又指引着教学。在教学过程中，教师根据学生的终结性评价和过程性评价的结果，再结合教学过程中的问题，撰写日志，并改进教学方法，从而提高教师的科研能力。

教师在英语教学过程中还可以多采用以下教学方法：

（一）影视教学法

科技的进步使信息技术、互联网技术得到了迅猛发展，这就使英语口语教学过程中应用影视教学法成为可能。英语原版影视具有强烈的视觉冲击力，文化性与故事性强，能够大大降低学生的学习焦虑，并从视、听、说等方面将学生的积极性与注意力调动起来，提高其认知能力与理解能力，达到寓教于乐、陶冶情操、拓展思维的效果。

因此，应充分发挥影视教学法在提高学生的英语口语能力方面的作用，使学生更加深入地参与课堂教学。一般来说，将影视教学法应用于大学英语口语教学

中时应从以下几个方面入手：

（1）教师在选择影视资料时，应以不同的教学目标、学生的现有英语水平以及影视资料的难度等作为主要依据，要使所选择的影视资料既有利于既定教学目标的实现，又与学生的英语水平相适应，既不会过于简单，又不会难度太大。此外，影视资料的内容要体现英语国家的文化特征，以帮助学生开拓视野与思路。

（2）教师应在课前对影视资料进行适当剪辑，并据此来设计相应的口语练习。例如，如果选用电影《What about Bob？》中的湖泊情景的教学，可将 Leo 带儿子 Siggy 到码头教他潜水的两分钟资料剪辑出来，并采取以下教学步骤：

第一步，向学生介绍影视资料的主题，即"The Lake Scene"。

第二步，向学生介绍影视资料的主要情景，即"Leo is teaching Siggy how to do something."

第三步，为学生介绍活动中可能用到的动词。

第四步，将学生分成两人一组，安排一人担任观看者，另一人担任倾听者。

第五步，为学生讲解任务要求。具体来说，观看者只负责观看，应放下耳机或塞住耳朵，及时记下与所看到动作相对应的动词，并对面部表情、手势、体势等非言语交际和情景给予特别关注。倾听者则需背对屏幕，只靠耳朵来捕捉信息，并及时记录下一些关键词。

第六步，为学生播放影视资料，可多播放几次，以保证学生尽自己最大努力来完成任务。

第七步，安排学生在组内互相交流获得的信息，即由倾听者表述自己听到的信息，由观看者表演自己看到的动作。

第八步，由各组轮流为大家表演。

第九步，再次播放影视资料，全体同学可以同时听和看。

第十步，教师对影视资料进行讲解，对同学的表现进行点评、分析与指导。

此外，教师在课前可将一些准备工作交给有能力的学生，如安排学生辨别语音、语调，查找、核对影视资料中的生词熟语或者编辑视频资料。这不仅能有效调动学生的学习热情，还能将学生的特长发挥出来，从而达到满意的教学效果。

（二）移动技术教学法

移动通信技术不仅为人们提供了一种丰富、生动且不受时空限制的信息交流方式，其在语言学习方面提高学习效率、丰富学习交互、扩展学习时间等优势也逐渐显现。因此，越来越多的学者开始关注如何将移动技术与大学英语教学，特别是口语教学进行有机结合，并从多个角度对这种新的教学方法进行界定。

黄荣怀教授采取了"移动学习"这个提法，并将其定义为"学习者在非固定和非预先设定的位置下发生的学习，或有效利用移动技术所发生的学习"。[①]

在大学英语口语教学中采取移动技术教学法可为学生的口语练习提供全方位支持，丰富学生与英语的接触机会，并实现课内与课外的相互连接。移动技术支持的英语口语教学的基本流程，如图4-4-1所示。

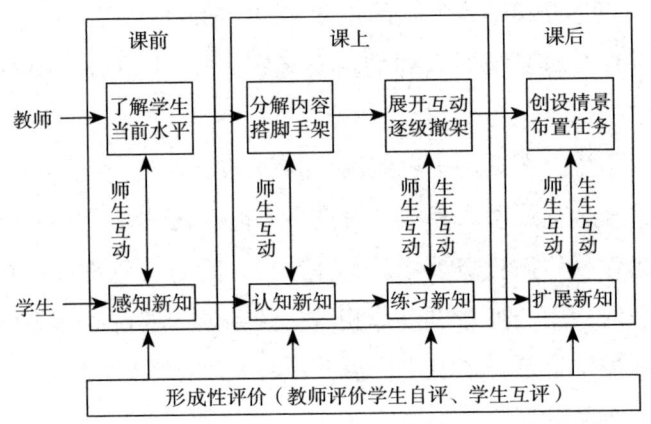

图4-4-1 移动技术支持的大学英语口语教学的基本流程

1. 课前自学

在课前，教师对本单元的文化语境、相关知识点进行综合考虑，并据此制作长度适中的音频或视频短片，通过播客传递给学生。学生通过移动设备取得音频或视频文件后，可根据自己的实际情况安排选择适当的时间、地点进行自主学习。

在这一过程中，学生应完成相应的选择题或录音形式的口语作答，这有利于教师了解他们的学习情况。此外，课前的活动还能引导学生激活已有的背景知识，并事先进行充分的口语练习，有效降低焦虑、自卑、害羞等带来的负面影响。

2. 教师讲解

由于学生已经在课前对相关内容进行了自主学习，对知识点已有所熟悉，因此教师的讲解主要集中在一些重要的词汇、句式与语法项目上，讲解过程也不会

---

① 黄荣怀. 移动学习 理论·现状·趋势 [M]. 北京：科学出版社，2008.

像传统课堂那样枯燥。教师可在讲解过程中再次为学生播放音频或视频资料，从而使学生将所讲知识与语言材料结合起来进行理解。一般来说，教师可采取以下三个步骤：

（1）教师先讲，学生后练。

（2）教师先做示范，学生及时领会。

（3）教师提问，学生回答。

在这三个步骤中，学生得以进行大量的口语训练活动，从而深化对材料的认知程度。

3. 课堂互动

课堂互动可采取生生互动、师生互动等形式，旨在引导学生在具体语境中对语言进行灵活运用。需要注意的是，教师在设计互动活动时应坚持由易到难、由浅入深的原则，将机械性练习与灵活性练习、创造性练习与半机械性练习、高难度练习与可接受性练习相结合。

课堂互动能创造愉快、轻松的学习氛围，为每位学生提供参与机会，有效弥补大班上课的缺点，使一些害怕开口的学生也敢于进行英语交流。需要特别说明的是，学生在参与互动活动的过程中可以随时通过移动设备来查找相关信息，使移动技术真正成为口语教学的得力助手。

4. 课后的移动式合作学习

课堂教学的时间往往是有限的，只能引导学生对新知识进行初步的认知与练习。要想在真实情境中对语言进行更深层次地运用，则必须依靠课后的时间。教师可以以本单元的主要内容与知识点为依据，为学生安排开放式的真实任务，以此来引导学生通过合作方式进行口语交际，使他们在探索语言运用方式的过程中拓展新知，并在发现问题、分析问题、解决问题的过程中培养创新思维。

为保证每位学生可以顺利完成任务并在任务的完成过程中有所收获，教师可以以学生的课堂表现为依据来进行分组。具体来说，教师可用短信的方式来通知学生分组情况与具体任务，使他们的合作学习得以顺利开展。学生在完成任务时可充分利用移动技术进行沟通，使生生之间、师生之间保持信息的通畅。学生可将自己的任务上传给老师，教师则可在阅览后进行及时回复并给出适当建议。

需要特别说明的是，形成性评价贯穿整个课堂内外的教学和学习活动过程中。

及时的形成性评价能够使学生了解自己的学习状况并得到针对性的指导，从而增强自信心、获得成就感。学生之间的互评则将学生由被动的接受者变为主动参与者，不仅能提升他们的成就感与归属感，还有利于调动他们的积极性。此外，教师将学生完成的口语录音存入相应的电子档案袋，对于教师客观观察学生在一段时期内的学习变化情况十分有利。

第五节　大学英语阅读教学创新

阅读能力对于每一个人而言都是至关重要的，因为一个人想要了解更多的知识，就需要通过阅读大量的书籍来实现。对于大学英语阅读教学而言，其重要性是不言而喻的。本章首先介绍阅读及其教学的相关理论知识，进而阐述大学英语阅读教学融合互联网技术的具体路径。

一、大学英语阅读教学概述

阅读不仅是学生学习英语时必须掌握的一项技能，也是对学生英语水平进行衡量的一项重要指标。通过阅读，学生可以获得丰富的信息，拥有丰富的体验，感受语言带给自己的文化魅力。但是，阅读并不是简单地接收信息的过程，而是一种复杂的交际与思维活动，其不仅受到语言能力的影响，还会受到文化因素的影响。因此，在阅读教学中，只有重视对文化内容的教授，并将跨文化内容融入英语阅读实践中，才能真正地提升学生的阅读理解与应用能力。

（一）阅读及阅读能力

1. 阅读的内涵

在语言学习过程中，阅读能力一直都发挥着重要的作用，因此很多国家都十分重视阅读。在中国教育教学中，阅读能力也深受重视。关于阅读的定义，不同的学者发表了不同的看法。例如，纳托尔（Christine Nuttall）对阅读的理解可以总结为以下三组词：

（1）解码、破译、识别。

（2）发声、说话、读。

（3）理解、反应、意义。

"解码、破译、识别"这组词重点关注阅读理解的第一步，也是十分关键的一步，读者能否迅速识别词汇，对于读者阅读而言有着重要的影响。"发声、说话、读"是对"朗读"这种基本阅读技能的诠释，这属于阅读的初级阶段。朗读是将书面语言有声化，在各种感官的共同作用下加快对阅读内容的理解，这有助于语感的培养。通常，随着阶段的提升，读的要求会从有声变为无声。"理解，反应，意义"强调阅读过程中意义的理解与交流。在这一过程中，读者不再是被动接受阅读材料中的信息，而是带着一定的目的，积极地运用阅读技巧去理解阅读材料的主要信息。

王笃勤指出，阅读是一项复杂的认知活动，是读者提取文本中的信息并与大脑中已有的知识结合，从而建构意义的过程。读者理解阅读文本的过程中主要涉及三种信息加工活动，分别是对句子层面、段落或命题层面、整体语篇结构层面的分析活动。[1]

理查德（Richard）认为，外语阅读是学生将自己的已有经验带进去的一种对文字的理解，同时学生还需要具备关于外语语言的基本知识、文化知识以及母语知识等。[2]

斯波伯和威尔逊（Sperberb & Wilson）将阅读看作作者和读者之间进行的一种心灵的交流，并且是主动获取信息的交流，在这一过程中，读者接受信息、认识世界，并获得审美体验。阅读文本在于找到满足关联条件的一种解释。有了阅读，读者才能获得有关作者的情感和思想的信息。阅读一部好的作品，可以使读者的视野得到开阔，使情感得以丰富，使人格得到提升。[3]

由上述定义可以看出，很多学者都认为阅读涉及读者和阅读文本，并且认为阅读是这二者之间的交流互动。简单而言，阅读就是读者积极运用已经掌握的语言知识和背景知识等对语言材料进行处理，同时获取信息的过程。总而言之，阅读就是读者赏析、探究文章的一种行为活动，在这个过程中，读者和作者可以形成思想上的共鸣。

---

[1] 宋晶. 改革与创新 [M]. 吉林出版集团股份有限公司，2020.
[2] 钟丽霞，任泓璇. 翻转课堂模式下的大学英语教学改革及创新优化 [M]. 长春：吉林大学出版社，2019.
[3] 许丽云，刘枫，尚利明. 大学英语教学的跨文化交际视角研究与创新发展 [M]. 北京：中国商务出版社，2020.

在大学英语阅读教学中，学生不仅需要理解词汇、语法、句意，还要通过背景知识和已有经验不断地体会、领悟作者的写作意图和文章主旨。做到了这些，才算掌握了文章的深层内涵，才算达到了阅读的最高境界。

2. 阅读的模式

英语阅读模式包括三种：一是自上而下的模式，二是自下而上模式，三是交互作用模式。每一种阅读模式都有自身的优势和弱势，学生应该根据自己的目标或者具体情况来选择相应的阅读模式。只要学生掌握了一定的阅读技巧，就能快速地摸索出一条属于自己的阅读道路。教师也应该根据时代的要求不断创新自己的教学方法，以符合学生的学习发展需要。

（1）自上而下模式

自上而下的阅读理论模式是由戈德曼（Goodman，1971）首次提出的，简单地讲，这种模式就是依据从宏观到微观的顺序来理解文章。运用这种模式的学生先是从整体上理解文章的主旨和背景知识，以及其他较高语言层面的知识，然后带着理解的成果去把握词汇、句子和段落等较低语言层面的知识。

可想而知，这种阅读模式对于逐词逐句的阅读模式是否定的。这种阅读模式更多的是站在一种语篇的角度来理解整个文章。所以，这种阅读模式适合于略读，因为略读要求学生能够快速浏览篇章，抓住中心思想。更何况现在处于一个网络信息时代，信息更新速度快，网络上充满着各种信息，人们需要通过大量的阅读来获取信息，所以培养快速阅读能力就成为实施素质教育的内在要义。另外，在考试中，如果在阅读上消耗过多的时间，那么就无法有质量地完成其他试题，这就对总的考试成绩有很大的影响。这么看来，阅读速度的培养是当今阅读教学中的一个重要方面。

但是，该模式的弱势也是很明显的。如果学生的英语基础比较差，在使用这种模式的时候会显得力不从心。

（2）自下而上模式

和上面一种模式正好相反，自下而上模式是从微观到宏观的理解。也就是说，自下而上模式是先理解词汇、语法等较低的语言层面，然后在此基础上理解语篇的中心思想和作者的情感意图。

事实上，自下而上模式对于当前的英语教学改革是有一定的阻碍作用的，无法真正提高学生的阅读能力。原因就在于，学生在运用这一阅读模式时，只需要关注语言形式方面的信息，而不需要对上下文或者背景知识作出思考或者分析。

（3）交互模式

交互模式也叫作图式理论模式。运用这种阅读模式，学生可以更加深刻地理解篇章，更有效地领悟作者的写作意图。更重要的是，这种模式对于学生英语综合技能的提高至关重要。

在现代英语阅读教学中，教师大都倾向于让学生使用前两种模式，也就是先运用自上而下的模式从整体上把握篇章，然后再运用自下而上模式来理解语言知识。

基于这种模式，教师一般采用三段式教学法：阅读前教学法、阅读中教学法、阅读后教学法。

3. 阅读能力

英语阅读能力包含以下三个心理过程，这也是阅读的心理机制。

（1）知觉语言符号

英语阅读的第一个过程就是知觉语言符号，即对句子进行有意义的分割。书面材料的难度、读者的认知结构及理解英语语言的能力都影响着句子分割的速度。

（2）编码语言符号

编码语言符号是英语阅读必不可少的一个环节。在这一环节中，人的大脑将接收的语言符号转变为简单易懂的内部语言，并转入短期记忆模式中。例如，"He is subject to violent fits of temper ."对于这句话的阅读而言，在大脑中的转化方式并不是唯一的，而是具有多种转化形式，至于选择何种方式，主要取决于读者自身所具有的口头表达能力。具体而言，如果读者十分熟悉这句话，则可以自如表达出来，那么就不用在大脑中对句子进行分割，而是将分割与编码同时完成。对于人类的记忆能力，有学者将其分为长期记忆与短期记忆，其中短期记忆的容量、时间与长期记忆相比，都是十分有限的。

（3）重组信息

对语言符号进行编码解读之后，就进入了第三个阶段，即对信息进行重组。只有对信息进行重组并存入长期记忆，阅读的知识才能真正归读者所有。对于阅读效果而言，记忆效率是十分重要的，如果所阅读的内容没有被记住，那就等于没有阅读。不过，长期记忆虽然容量大，但是速度相对缓慢。存储于短期记忆中的信息需要经过重新编码之后才能进入长期记忆。阅读内容进入长期记忆的过程，需要内部语言的参与，它是思维的核心。内部语言的特征有三个，即无声、简化、思考。长期记忆的对象是思想活动，进入长期记忆的信息是有组织地进行排列的，这样更有利于检索。检索的速度对阅读效率有着关键的影响，这也从侧面体现了记忆的结构性和组织性。

（二）大学英语阅读教学的内容

培养、提高学生的各种阅读技能是大学英语阅读教学的主要内容，具体涉及以下技能：

（1）能够辨认单词。

（2）能够猜测陌生词汇、短语的含义。

（3）具备跳读技巧。

（4）能够理解句子内部与句子之间的关系。

（5）对文章的主要信息或观点能进行准确梳理与把握。

（6）对句子及言语的交际意义进行理解。

（7）能够对文章的主要信息进行总结概括。

（8）对语篇的指示词语进行辨认。

（9）能够对文中的信息进行图表化处理。

（10）能够理解衔接词进而理解文字各部分之间的意义关系。

（11）能够把握细节与主题。

（12）具备基本的推理技巧。

（三）大学英语阅读教学的原则

在大学英语阅读教学中，虽然各大院校的学生的学习水平不同，所教授的教学内容与教学方法也存在差异，但是教学原则是共同和基本要遵守的。具体而言，主要包含以下几点原则：

1. 循序渐进原则

很多人认为，阅读能力是非常容易培养的，其实不然，阅读能力是一项非常复杂的技能。因为，阅读能力的提高需要学生积累词汇量、语法知识、句法知识、文化知识等，因此不是一蹴而就的。这就要求在大学英语阅读教学中，教师应坚持循序渐进的原则。

坚持循序渐进的原则，教师首先需要进行一个合理且长远的规划。在阅读教材的选择、方法的确定、内容的明确、结果的反馈等层面都要进行规划，一步步展开，帮助学生不断培养自身的阅读技巧，提升自身的阅读水平。

2. 因材施教原则

学生存在明显的个体差异，因此在当前的大学英语阅读教学中，教师应该从学生的个体差异性出发，制订符合不同学生的教学内容和计划，以满足不同学生的需求，使每一位学生的阅读水平都能得到长足的发展。

也就是说，对于阅读水平和阅读理解能力较低的学生，教师应该提供一些相对简单的阅读材料，然后再逐渐增加难度，这样有助于提升学生学习阅读的兴趣和积极性。对于阅读水平和阅读理解能力较高的学生，教师应该布置一些难度较高的阅读材料，使他们觉得富有挑战性，从而满足这些层次学生的需要。综合来说，教师应该对不同学生的基本情况与个性有一个基本的了解和把握，在阅读教学中，选择恰当的内容和手段展开教学，做到因材施教。

3. 速度调节原则

在阅读中，很多学生存在这样一种认识：阅读速度与阅读能力成正比，这是错误的且不可取的。阅读速度与阅读能力并不是成正比的，阅读速度低并不代表其阅读能力不足，而阅读速度高也并不能说明其阅读能力强。因此，在大学英语阅读教学中，教师应根据教学目的、教学阶段来调整学生的阅读速度，保证教学张弛有度，可以从以下两点做起：

（1）在课堂开始前，教师应该放缓教学速度，让学生先慢慢地了解阅读材料。

（2）随着学生知识的增进，学生的语感能力有了明显的提高，教师可以让学生提升一定的阅读速度，如进行限时阅读等。

需要指出的是，教师不应该仅仅为了追求课堂速度而忽视学生的理解能力，应该在保证学生能够理解的程度上适度的提升课堂速度。

4. 关联性原则

阅读教学往往是围绕阅读材料展开的，但是很多学生对材料的作者、材料背后的相关信息并不了解。因此，在大学英语阅读教学中，教师应该帮助学生激活与材料相关的图式、话题、作者信息等背景知识，这就是所谓的关联性原则。

需要指出的是，关联性原则并不是要求教师在阅读课堂上大肆地讲授背景知识，而占用阅读材料本身的地位，而是将这些背景知识融入阅读材料中，适度地讲授。此外，选择的背景知识也需要与材料主题相关，保证二者的关联性。

5. 多样性原则

当代大学英语阅读教学也需要坚持多样性原则，其主要指的是教学内容的多样性与教学形式的多样性。

（1）在教学内容上，教师选择的阅读材料应是包含各种体裁、题材的，不能仅仅限制于一种体裁或题材，使学生能够熟知和了解多种体裁与题材，在以后的阅读中提高效率。

（2）在教学形式上，教师要从实际情况出发，运用多种教学手段来进行教学，可以借助网络、多媒体等手段，让学生更直观、深刻地了解阅读材料。

（四）大学英语阅读教学的理论依据

1. 图式理论

"图式"这个词最早出现在康德的哲学成果中，他认为我们大脑中存储的知识并不是零散的，而是分门别类地组织在一起，它们相互联系，并且提取出来的信息也是有序的。

随后，格式塔心理学家巴里特（Bartlett）正式从理论的角度提出了"图式"这一概念，这一概念体现了人类如何看待过去的经验。会学习的人和学习能力较强的人，总是善于将以往的经验和即将要学习的经验进行关联，从而达到有效的学习。

梅尔哈特进一步完善了图式理论，指出图式理论是关于如何理解知识的一种理论，具体体现了如何对某个主题的知识进行表征和存储，研究了如何将相互联系的知识在实践中加以应用。[①]

人类大脑中已有的图式对于新信息的理解有着极大的促进作用，人们在理解新信息时总是千方百计地将头脑中的图式和即将要学习的新信息联系起来，以便达到有效的理解。

---

① 钟丽霞，任泓璇. 翻转课堂模式下的大学英语教学改革及创新优化 [M]. 长春：吉林大学出版社，2019.

2. 图式与阅读

图式理论比较重视大脑中预存的知识对理解新信息的作用。阅读是一项复杂的认知过程，即把新知识与已有认知结构相关联，以解码信息。真正的阅读旨在通过对文本内容的阐释来重新构建出新信息。可见，阅读理解就是读者通过头脑中的图式与文本信息的交互作用来达到理解的一种过程。能够独立阅读的人，一般能够善用图式理论。

阅读文章前，读者在头脑中储存了很多的知识结构，即图式理论框架，包括母语知识、第二语言知识、文化知识、人生经历、教育程度等。在阅读过程中，读者需要从这些知识结构中提取部分内容，以便更加准确地来理解信息。当一个人头脑中的图式框架有缺陷的时候，阅读偏差较容易发生，如果发生了，就无法对阅读材料形成准确的理解。

（1）图式在理解中的价值

第一，有助于读者从记忆中有条理地提取信息。

第二，有助于读者将注意力分配得更加合理。

第三，有助于读者经过推理达到对信息的一种重构。

第四，有助于读者在一定的心理基础上理解、消化篇章信息。

第五，有助于读者通过推导，得以更好地理解。

第六，有助于编辑与总结。

（2）背景知识与理解图式的形成

第一，帮助读者整理篇章信息，主要包括以下三个方面：按照主题或者来源对信息进行分类；对比不同信息间的差异，以使得自己的认知得到深化；通过总结以更加有效地组织新信息与背景知识。

第二，帮助读者认知词汇，如运用词语的搭配原理和语义关联等知识来猜测新词语的含义，并进行有效的记忆。读者的阅读效率主要取决于是否能够快速地识别和推测词汇。

第三，帮助读者通过篇章的组织结构推测作者的写作意图和中心思想，篇章结构主要是指篇章层面的一些逻辑关系，如因果关系、递进关系、对比关系等。

第四，帮助读者提高对文化的敏感度，积累思维方式、风俗习惯、社会历史、价值体系等方面的认知结构，形成积极的多元文化观。

（3）图式阅读理论

语言学家把图式理论引入英语阅读理解中，并创造性地提出了图式阅读理论。图式阅读理论将图式理论架构分为语言图式、内容图式、形式图式三个方面。

语言图式指语言基础知识，如语音、词汇、语法、句型等，奠定了阅读理解的基础。

内容图式指文章的背景知识，即文章在特定语境下的意义。人们如果缺乏内容图式，就会因为风俗、价值观、思维方式等差异引起冲突。透彻地了解背景知识才能正确分析文章。

形式图式指作者对于文章体裁的了解。

图式理论虽然对于阅读理解有一定的促进作用，但同时需要在教师的引导下进行运用。背景知识和阅读理解之间的关系是相互促进的，背景知识促进阅读理解，阅读理解反过来也能让背景知识得到积累和升华。因此，在英语学习中，阅读始终是读者长期或短期积累知识、了解文化、建构新图式的重要途径。

（五）大学英语阅读教学存在的问题

英语阅读教学的地位在整个英语教学体系中举足轻重，是我国英语教学的重点和难点，但依然存在着一些问题。

1. 学生方面

（1）英语阅读的动力不足。从中学进入大学后，学生摆脱了家长和教师的严格监督，因此大学的学习主要依靠自主性来推动。如果学生学习的自主性不强，那么他就会浪费大把时间。另外，很多学生进入大学后一下子松懈了，错误地将考试当作学习的唯一目的，英语阅读的动力明显不足。如果阅读材料的篇幅过长，或者难度过大，学生就更加没有动力完成阅读了。

（2）词汇量和阅读量都小。篇章是由许多词汇构成的。显然，没有一定的词汇量，英语阅读是无法进行下去的。所以，要想提高英语阅读能力，词汇量是基础，足够的阅读量是前提。在词汇量薄弱的情况下，扎实的阅读技巧是没有用武之地的，是无效的。进入大学以后，英语阅读所要求的词汇量相较于中学阶段有了大大的增长，并且同义词、近义词繁多，词义之间的区别和差异模糊、难以辨认，这给学生的学习增加了难度，对学生的要求也就不一样了。英语阅读综合能力的提高需要学生在掌握充足词汇量的前提下进行大量的阅读。当然，词汇量和阅读也是相辅相成的，词汇量是通过阅读加以积累的，而词汇量又进一步推动着阅读的进行。

（3）文化背景知识的缺乏。英汉文化差异相信已经被教师提过很多次了，但是学生需要真正认识到英汉文化差异的具体方面和具体情况。原版的英语文章都是以西方文化为背景进行写作的，中国读者在进行阅读的时候就得转换思维。中国读者需要有着充足的西方文化知识，这样才不会给阅读带来障碍。但是，如果不了解西方文化，英语阅读可能就无法连贯地进行。例如：

The eagle always few on Friday.

对于上述句子，如果仅看字面含义，学生可能会理解为"老鹰一般周五飞回来。"然而，如此理解显然是错误的。其实，eagle（老鹰）这一动物是美国国家的象征，美国的钱币上使用的就是老鹰的图案，所以上述句子的真正含义是"美国人总是在周五发工资。"由此可见，如果学生对文化背景知识缺乏了解，那么在阅读的过程中就会碰到类似上述的句子，在理解过程中自然就会出现纰漏，从而造成误读误解，这在一定程度上说明了熟知语言背后文化内涵信息的重要性。

（4）英语阅读心理状态不好

对于科普文、议论文等文体，或篇幅较长的文章，学生普遍有恐惧、焦虑心理，这种焦虑心理在英语考试时往往会被放大。

阅读要有效，需要文章作者和读者共同思考和积极参与。在此过程中，作者和读者两方需要各自发挥作用。如果我们只重视学生的知识储备，忽视阅读情感的重要性，可能会使学生在阅读时感到不安、着急或害怕，这些情绪可能会对阅读的效果产生负面影响。如果学生一直处于消极状态，那么他们的成长和阅读水平就会受到不良影响。学生的阅读效果不良可能源于基础知识掌握不够牢固，同时缺乏阅读能力。

（5）英语阅读习惯不良

进行阅读的过程中，一些大学生养成了不良的阅读习惯，如回忆、发声、点读和翻译，这些不良习惯导致他们的读书效率不高，所以这些不良习惯应当改掉。回读，也就是反复阅读文本，以便更好地理解和记忆它，这个过程被称为复读、倒读。学生回读习惯的根本原因在于他们可能担心漏掉重要信息或还未完全领会所读的单词、句子对应的内容，因此需要重新阅读以确保理解。声读是在阅读过程中口中发声，逐字逐句、逐段逐篇朗读的方法。另外一种呈现方式是唇读，即阅读时没有发出声音，但会用嘴唇动作模拟发声。另外，存在一种不太明显的阅读方式——心读，指的是在内心默读每个单词的音节。早期学习英语时，教师着重于发音阅读的学习方法，这种教育方法对学生的阅读习惯产生了深远影响，导致他们在很大程度上形成了口语化阅读或默读的习惯，并且这种习惯会使读者的阅读速度变慢，同时让他们过于关注发音而忽略了意义，这将影响阅读理解的范围和深度。指读是一种阅读技巧，通过手指或笔尖逐个阅读单词，将注意力集中在每个单词上。这种阅读方式可能源于学生缺乏日常阅读的良好习惯。一些学生会在阅读时摇头晃脑，或作出一些不必要的动作来配合视线移动，这可能会影响他们的注意力，从而降低阅读效果。出现这种情况，是因为手和脑的反应速度比视觉速度慢得多。

在外语阅读中，口译和心译是很容易出现的问题，这往往会暴露学生阅读能力不佳的情况。许多学生在阅读英语文章时常会出现一种错误，那就是一边阅读一边翻译。这个陋习导致他们更倾向于使用中文思维，而没有充分意识到英文和中文在各方面的差异。因此，当他们使用英文句子时，常常会采用类似于中文思维的方式来表达，而且这个习惯会严重地削弱阅读英文文本的效率。中文和英文在许多方面，包括语言和文化等层面存在较大差异。因此，学生需要培养一种跨越文化的思维模式和心理策略，以便能够更好地适应英文阅读的需要。然而，有些学生可能会因为自己母语的影响而在阅读英文时倾向于逐字逐句地翻译，他们认为只有将阅读的文章翻译成本民族的语言，才能更深刻地理解文章的意义。按照这种观念所产生的影响主要在两个方面得以显现，一是读者的阅读速度会减缓，二是在读完后，读者很难理清文章中重要信息和细节之间的关系，也难以记住和恢复文章的主旨。整体来看，文章的内部结构显得混乱无序，缺乏联系。

（6）英语阅读技巧欠缺

对于略读、寻读、猜意读等阅读技巧，很少有高职生能够将所学的知识应用到实际的阅读理解中。想要更深入地理解英文文章，需要具备分析、判断和综合的技巧，只靠字面意思是不够的。这些技巧可以帮助我们透彻地理解文章的主旨思想，并深入领会作者的观点和内心情感。一般要经过这个过程，我们才能完全理解文章的内涵。很多学生在阅读英语时会发现自己阅读速度较慢，即使读完了文章，也很难全面理解文章的主旨。学生在阅读过程中，往往会表现出缺乏理解篇章的能力，具体而言是理解文章中宏观的上下文关系，并且掌握文章的衔接和连贯性。同时，学生还要紧密追随作者的思路，并深刻领会文章的主旨，从而总结出结论；需仔细研究作者的看法和心态。学生经常过度注重语言和内容的细节，并更关注单词的辨识、语法结构的分析以及理解复杂句子。然而，他们往往只停留在理解句子的层面，而没有真正深入理解文章的含义。阅读技巧的不足，导致他们的阅读速度不够快，其思维与文章的同步也受到影响，难以实现对文章的高层次理解。

2. 教师方面

大学的课时有限，因此很多的阅读主要是在课外完成的。虽然教师布置了课外作业，但是学生长期形成了依赖教师的思想，如果教师不抽时间检查学生的课外作业，学生很可能就不会认真对待课外作业。课堂的阅读量是很小的，加上学生对待课外阅读不认真，这样就无法提高阅读能力。

二、大学英语阅读教学的创新路径

大学英语阅读教学需要结合互联网来创新教学路径，融入当前基于互联网技术新兴起来的教学模式，如此才能与时俱进，不至落后于社会发展的要求。为此，本节就来探讨大学英语阅读教学的创新路径。不过在此之前，首先来分析大学英语阅读教学的相关内容，包括理论依据、存在的问题、原则、方法等，从而对大学英语阅读教学有一个系统地把握。

（一）大学英语阅读教学的方法

阅读是一种积极的交际活动，是读者运用已掌握的语言、背景等各方面的知识对语言材料进行处理，并获得信息的过程。有效开展大学英语阅读教学，对培养学生阅读能力和交际能力具有重要意义。大学英语阅读教学需要在遵循基本教学原则的基础上采用创新性的教学方法。

1. "阅读圈"教学法

所谓"阅读圈"，是指一种由学生自主阅读、自主讨论与分享的阅读活动。在"阅读圈"内，每位学生自愿承担一个角色，负责一项工作，并进行读后反思。

"阅读圈"模式的目的是鼓励学生阅读和思考,其活动效果在很大程度上取决于小组成员在前期是否做好了充分的准备工作。在大学英语阅读教学中,"阅读圈"教学法的实施步骤主要包括以下几个:

(1)设计任务。首先,教师以某个文化专题为教学内容,明确教学目标,选定学生在课堂以及课外需要阅读的材料,设计好相应的需要学生进行讨论和分析的问题,并规划好学生完成这些任务的学习模式。

(2)布置任务。接下来教师要向学生布置具体任务。教师可以让学生自由组合成"阅读圈",每个小圈子为6~7人。圈子形成后,教师要让学生清楚地了解详细的学习要求和规则。此外,教师可以鼓励学生在自己的阅读圈内承担一定的角色,具体角色示例,如表4-5-1所示。

表4-5-1 阅读圈各成员的角色分配示例

角色	具体任务
讨论组织者	主持整个讨论过程,并准备相关问题供圈内成员讨论
词汇总结者	摘出阅读材料中与文化专题相关的重点词汇和好词好句,引导圈内成员一起学习
总结概括者	对所有阅读材料的文化元素和内容进行总结并与组员分享,并总结、评价小组活动的内容和成果
语篇分析者	提炼阅读材料中重要的语篇信息并与圈内成员分享
联想者	将所读阅读材料与文化专题相对应的中国文化的内容建立联系,结合最新的社会文化发展动态进行批判性评价
文化研究者	从阅读材料中找到与自己相同、相近或者不同的文化元素和内容,并引导圈内成员进行比较

(3)准备任务。在布置完任务之后,教师引导学生进行独立思考,并让学生对需要讨论的问题及自身的思考结果形成文字。此外,由于阅读圈内各成员承担着不同角色,教师应鼓励学生完成各自任务,自由表达自己对文化的看法。

(4)完成任务。在此阶段,阅读圈内的成员依次汇报、分享自己的阅读成果,对所读内容进行信息加工、思维拓展,确定小组汇报的内容,最终形成PPT,在课堂上展示核心成果。这一阶段是学生汇报并自由讨论的阶段,有助于启发学生的多元思维,深化文化内容的探讨,因此教师要引起足够的重视。教师作为活动的组织者和指导者，要掌控整个讨论过程，对讨论过程中可能出现的争论或偏离主题等问题进行及时解决。

（5）评价任务。在完成任务之后，需要对任务进行评价，教师可以鼓励各个阅读圈进行自评与互评。在互评时，可以根据每个阅读圈展示的阅读成果以及成员讨论表现进行打分。学生互评完成后，教师可以进行总结，对各阅读圈及学生自身的表现进行点评。需要注意的是，教师在点评时要注意尊重学生对文化的不同观点，重点关注学生思想的深度和广度，同时对那些积极参与讨论的学生提出表扬，以此带动全班学生积极参与此类活动。

2. 文化导入法

在阅读教学中导入相应的文化知识，能切实提高学生的阅读水平，而且能培养学生的文化素养。具体可以采用以下两种方式导入文化知识：

（1）介绍文化差异，激发学生阅读兴趣。兴趣对于学习而言十分重要，它是激发学生积极学习的内在动力。因此，在大学英语阅读教学中，教师可采用适当的方式方法来激发学生的阅读兴趣和热情，调动学生的积极性，使学生获得文化知识，提高阅读水平。在阅读教学中，进行英汉文化差异的介绍和分析就是一种调动和培养学生学习兴趣的有效方法。向学生渗透英语文化知识，并比较英汉文化之间的差异，不仅可以激发学生的学习兴趣，而且可以丰富学生的文化知识，扩大学生的视野，巩固学生的阅读能力。

（2）培养学生的文化意识。很多学生认为，自己已经具备一定的词汇和语法知识，也掌握了一定的阅读技巧，阅读和理解某些材料不成问题，而且也不需要掌握什么文化知识，结果导致他们在阅读某些材料时十分吃力，而这主要是由于欠缺文化能力造成的。对此，教师应在课堂教学中有意识地培养学生的文化意识。此外，限于课堂时间有限，教师可以充分利用课外时间，向学生推荐一些英语文学作品让学生在课下阅读。通过阅读英语文学作品，学生能切实感受西方文学和文化，从中掌握词汇，习得语法，积累大量素材，养成良好的阅读习惯。

（二）"互联网+"大学英语阅读教学的创新

将互联网技术与大学英语阅读教学相融合，大学生可以利用互联网技术搜索并学习自己喜欢的英语知识。但是，这并不意味着学生的网络搜索是漫无目的的，其中离不开教师的指导与引导。如果教师对学生的阅读学习不管不问，那么即便互联网技术再发达，学生自身的阅读兴趣以及阅读能力也是很难有效提升的。因此，大学英语阅读教学中融入互联网技术离不开教师的充分参与。具体而言，教师可以采用如下几种方式：

1. 发挥网络互动优势，激发学生的学习兴趣

教师可以利用互联网技术为学生的英语阅读创建一个平台，让学生充分参与其中，利用这一平台来拓展自己的阅读能力。利用互联网技术，教师可以为学生准备阅读资料，实现阅读资源共享。在教学过程中，教师可以依据教材中的内容为学生建立一个网络阅读资料库，将教材中阅读的重点、难点都上传到网络上，同时为学生补充适当的课外知识，以拓宽学生的阅读视野。此外，为了避免学生在阅读学习中出现乏味情绪，教师还可以在学生阅读的资料中添加一些图片、视频、漫画、音乐等，在材料的格式、设计上也可以体现自己的特点，让学生爱上英语阅读。

2. 科学合理地选择阅读材料

学生阅读能力的提高离不开大量的练习，换言之，英语阅读属于一门技巧训练课程，需要花费大量的时间进行阅读训练。因此，这就要求教师为学生准备科学的阅读材料。在互联网技术的帮助下，教师可以为学生安排一些贴近课堂教学内容的阅读材料。在开始上课之前，教师可以为学生布置一些阅读要点，让学生自己上网搜索浏览，这可以在一定程度上培养大学生的查询以及获取信息的能力。随后，教师将自己所准备的阅读材料发给学生，让学生通过小组的形式阅读与交流，并分享心得。等到课堂结束的时候，教师可以安排学生对这次阅读活动进行总结，每一位学生都要写总结报告，然后教师对学生的报告给予评价。

3. 科学地进行评估与分类指导

教师除了利用互联网技术在课堂上授课之外，还可以利用互联网技术对学生的学习成果进行评估。在设计一套合理教学评估方案之前，教师可以利用网络技术搜索与阅读相关的评价理论或内容，进而结合自身所教授的阅读材料中的生词、语法、词汇量、句法等知识来设计评估内容，如此获取的评估结果将可以充分了解学生的阅读水平。同时，教师还可以对学生的评估结果进行线上统计，对学生阅读的时间、阅读的效率也有充分的了解。

4. 积极地开展课后拓展阅读

在课堂阅读的基础上，教师应该积极地开展课后拓展阅读，并着重于学生阅读与动笔练习的结合。通过长期的训练，学生在阅读中能够快速集中注意力。教师在引导过程中，可以根据教材各个单元的内容来开展活动，如可以要求学生从自身感兴趣的话题搜索，整理并做书面报告，进行演讲比赛。通过这些活动，学生不仅可以对各个单元的内容有一个很好的掌握，还能够锻炼写作和归纳能力。

5. 开展大学英语阅读混合式教学

基于通识教育理念，大学英语阅读混合教学模式的具体实施情况如下所述：

（1）教学内容方面

如何设计有趣、吸引学生注意力的阅读课程？有特点的教学内容往往会在学生的心理占据突出位置，给他们留下较为深刻的印象。有趣且吸引学生的阅读课程首先应基于学生所处的环境与生活，或者说，学生所学课程的知识应具有一定的实用性。英语阅读教学中呈现的知识也必须具有其校园价值和生活价值。因此，教师有必要为学生创设一些灵活的阅读方式，真正做到学生"愿意学、有所学"。

从一定意义上讲，对当前教学内容的优化可通过在线学习平台实现，在培养学生人文素养的同时，大幅度加入学术和专业英语内容，探索以培养"专业型英语人才"为目标的教学创新改革方案。英语阅读课程与专业密切相关，需要融合语言学习和专业知识，旨在提高学生在专业领域的语言应用能力。专业英语不仅包含科技英语的常见特点，还需要涉及具体的专业知识和信息交换，这两者相互支持。专业英语和基础英语的主要不同之处在于专业英语使用的句子结构更为复杂，专业英语还会涉及更多的专业术语。所以，教师应从实际需要出发，开展专业交流，并要求学生熟练运用相关的专业英语词汇和语言特点，以此使得他们在实际情境中整合英语知识和专业技能、解决问题的能力得到提升。

教师根据自己所任教的班级专业，从国内外权威英文报刊选取合适的专业阅读文本，作为课堂教学的延伸和拓展。例如，美国的《科学杂志》《经济学家》等报刊涵盖了最前沿的科技文章，综述和分析基于报刊阅读的学科动态，有助于学生了解本学科领域内的专业前沿，拓宽学生的专业视野，同时提高他们的英语学习兴趣。有学者从以下三个维度剖析了新闻报刊的价值：

第一个维度是从报道事件本身来考察新闻的"新"之处，如新闻中所涉及的人物以及他们对人们生活带来的影响。

第二个维度是参照新闻工作者对事件所持有的观点，新闻价值被视为某种认知，这种认知可以是新闻工作者的某种态度或是他们所参照的某种准则或规范。

第三个维度是剖析新闻形成过程中所涉及的各种材料，包括输入材料（新闻稿、其他相关网站、文本、图片、视频等）和输出材料（实际的新闻报道等）。

将这三个维度运用到阅读文本的价值衡量中，可做以下尝试。

参照第一维度，专业性的学术报道可让学生了解本专业的学术领军人物；参照第二维度，可设计诸如评析或质疑报道中某项内容或某个观点之类的任务，要求学生从各个层面对已有的内容或作者的观点进行佐证；参照第三维度，可让学生进一步搜索报道的相关材料，拓宽信息源，进一步挖掘主题内容。

当然，除了时效性很强的报刊材料，学生课后还可以从海量的在线资源中，随时进行英语阅读学习。例如，对于医学专业的学生，最后在撰写学术小论文时学会囊括以下方面：什么是医学、医学界的成就、医学基本原则、疾病的因与果、基本医学学科、公共卫生健康、医学界当前存在的问题、医学的未来发展趋势和前景等。

教师在设计具体的阅读教学内容时，可先训练学生的基础词汇解读能力，再逐渐过渡到话语分析、语法形式、体裁分析等较高要求的操练。对教学素材的深度分析，教师可考虑向学生展示专业阅读中的几种主要语言功能：下定义、解释、举例说明、描述、对照等。翻译层面的目标是让学生翻译国外新鲜出炉的、与学生专业有关的科普文章或学术报道（以短篇为主），同时要会翻译学术文章的摘要。写作层面的目标是让学生撰写本专业领域内的学术文章，并能质疑已读文章中作者的观点。

基于教材的通用英语教学，作为当前混合式教学模式下线上教学的主要内容，有必要进行某种程度的改进。很多学生认为，当前的教学视频中缺乏创新和趣味性，基本以词汇和语法讲解为主。

因此，教师在制作视频时，不妨以单元文章的语篇分析作为切入点，分析教材文本中的语言偏离现象，增强学生对语言的敏感度和兴趣度。在视频制作时，可引入时事热点解析、报刊解读、名人名言的赏析等。

关于在线作业，教师可以忽略阅读等应试性强的版块，增加字谜题、闯关题等多样化的作业形式。教师也可以考虑从学生出发，让学生制作基于教材的学习视频，再上传至网络教学平台，通过与同学、教师的互动，创建各种形式的教学内容。

（2）教学平台方面

随着科技的更新与发展，学习平台的搭建与应用也逐渐多样化。近年来，基于微信公共平台的混合式学习研究逐渐受到关注。这些新型的学习平台为学生创设了新型的混合式学习环境，使得学生的混合式学习更加灵活化、多样化、生活化。

学生对当前的学习管理系统仍有很多的质疑。因此，为保证混合式阅读教学的质量，有必要为学生提供一个多元的混合式学习平台，克服已有学习平台的不足。多元化的混合式学习平台应根据学生的学习进度和特点，实现灵活的同步和异步学习。教师和学生也可自主开发异步学习的方式，如自建在线平台、微信、微博等互动性较强的在线辅助教学手段。

通过自建网平台，可实现"按需选择"的自主学习方式，克服已有学习管理系统的一些不足和不便之处。针对英语阅读教学中专业英语与文化传授的缺乏而设计的自主学习系列课件，采用将专业英语素养与文化素养培养相结合的方式，做到让不同专业的学生可以各取所需，点击自己喜欢的专业文章进行自主学习，克服了已有教学网络平台未从学生实际需要出发的难题。

创建符合学生需求和特点的平台可加强学生对平台的信任度和使用度。高职英语专业引入了外语教学与研究出版社开发的"爱洋葱"双语阅读教学服务平台，使用混合式阅读教学模式，并结合线上和线下教学，旨在促进通识阅读教育的发展。在这个平台上，读者可以在多个难度级别的原版读物中进行选择，且这些书籍都可提供中英双语对照。除此之外，该平台还可以根据用户所在学校的教学要求，定制适合个人特点的阅读清单。无论是在电脑、平板或手机上登陆学习平台，学生都可以同步学习，并且不受设备限制。在这个平台上，学生可以通过使用书签功能、参与班级阅读讨论以及撰写书评等方式，来增强他们的阅读体验。这个平台还能够以实时记录的方式追踪学生的阅读行为，包括学生所阅读的材料，阅读持续时间、进度、数量和效率等。此外，它还可以分析这些数据，并为教师提供动态监控和评估。目前,国内多所本科高校已使用该平台开展通识阅读教学,高职英语专业亦可根据学生的语言水平推广通识阅读,让《英语阅读》课程回归经典阅读。

根据美国著名语言学家克拉申的"i+1理论",语言教学中的输入必须是习得者可理解的语言信息,必须符合学习者现有的认知水平和语言基础。只有当习得者理解输入信息且输入信息略高于其现有语言水平,即"i+1水平"时,才能产生语言习得。其中,"i"代表学习者现有的语言水平,"1"代表略高于学习者现有水平的语言材料。此外,理想的语言输入应具有趣味性和相关性,采用非语法程序安排,要有足够的输入量。因此,应先对学生进行前测了解其整体语言水平,然后为其定制个性化阅读书单。

使用《中国英语能力等级量表》中的阅读理解能力自我评价量表对高职英语专业大一新生进行前测,并以其高考英语成绩作为辅助参考,结果显示,大多数学生的阅读自测水平为4级,即他们认为自己能"阅读简短的故事、散文或说明文,能读懂旅游见闻中关于事件、人物、地点等信息,能从社会生活相关的简短议论文中分析作者的观点,能利用略读、寻读、跳读等不同的阅读技巧,找出文章中的重要信息。根据以上前测结果,选取牛津书虫英汉双语读物系列中的四、五、六级构成阅读书单,如《小妇人》《理智与情感》《呼啸山庄》《远大前程》《纯真年代》《远离尘嚣》《简爱》《傲慢与偏见》《雾都孤儿》《名利场》《苔丝》等世界经典名著,其标注难点从高中一、二年级至大学低年级不等。作为世界上著名的经典文学略缩读本,经牛津语言学专家改写后的原著,其词汇和语法难度符合不同英语学习者的特点和能力。大多数读物为小说体裁,复杂有趣的人物关系、鲜明突出的人物性格、跌宕起伏的故事情节使该系列读物具有很强的可读性和可理解性。由后台工作人员为学生录入每学期的个性化阅读图书,其中必读书1本,选读书5本,同时开启班级阅读圈,并根据授课教师的要求设置阅读平台的形成性评价构架。

总之,对教学平台的优化需要混合式教学的教师结合所教课程的具体特点以及学生的学习风格、学习需求等,努力开发简单、易操作并能真正提高学生学习的多元化在线学习方式。同时,对于平台使用问题,校方、技术方和教师等应共同努力解决。

6. 翻转课堂与大英语阅读教学的融合

（1）课前准备阶段

①解读文本，确定教学目标

教师认真备课，确立本次阅读教学的认知目标、能力目标和情感目标。

②制作教学视频

教师根据以上三个目标，确定本次阅读教学的重点、难点，进行教学视频的制作。根据高职生的英语水平，教学视频应考虑以下内容：向学生提供适当的阅读背景知识；阅读材料中重点单词、短语的讲解；含有图片、短视频、动画、文本等多重媒介；视频使用标准、规范的课堂语言，表达简单扼要。

③设计导学案

采用导学案的方式所呈现的知识内容更加有条理，能够协助学生更好地领悟和整理英文阅读材料。导学案通过引导教师提出相关问题，可以促进教师了解学生对知识的掌握情况；导学案可以激发学生的启发思维和引导思维。并且，学生的预习质量直接受导学案质量的影响。编写导学案时需要将知识转化为问题，同时将问题分为不同的层次。导学案的作用不仅包括明确学习目标，还能够给予学生在学习过程中的具体指引。如果学生遵循导学案的指导逐步学习，他们就能更容易地实现品学兼优的自学效果。

④制订自主学习任务单

自主学习任务单是教师提供给学生进行自主学习以达到学习目的的一种支架，它可以调动学生的学习积极性，引导他们自主学习，从而有效地达成学习目标。

⑤观看教学视频

教师将教学视频上传到班级QQ群，学生可以随时利用电脑或手机下载观看。自学过程中可根据自身情况选择观看进度，如果遇到疑难问题，可在班级群内自由讨论，也可记录下来，待课上解决。

⑥完成导学案，确定研究问题

通过观看教学视频以及阅读文本，学生对学习内容有了一定的理解。接下来，学生完成导学案来检测自身的学习效果。教师根据导学案完成情况以及各组的统计结果查找学生当下学习中存在的问题。

（2）课堂实施阶段

课前，教师的教和学生的学是两个相对独立的过程，彼此之间缺乏互动和交流。因此，课堂上师生之间、学生之间的交流对弥补课前的学习漏洞，促进学习目标的达成起着非常重要的作用。对于英语阅读而言，深刻理解文本离不开各自对文本的感悟。

①小组合作探究

一般情况下，学生已在课前预习了文本并记录了指导性笔记，同时也观看了相关教学视频，因此已经对文本有了一定的了解。然而，学生对此的理解程度可能存在差异。所以，老师应该安排合作学习活动，让学生一起探讨和解决在课前学习中遇到的问题，这样可以促进小组成员之间的知识和资源共享。当学生进行讨论时，教师应该在教室内进行监督，密切观察学生的细节举止，必要时提供恰当地指导。这种做法有助于学生更深入、更有进展地理解文章。此步骤的主要目标在于鼓励师生合作，促使不同学生之间进行交流合作，一同解决之前遇到的问题。这个步骤还有助于学生发展合作和自主学习的技能。

②小组成果展示

由于课上时间有限，成果展示采用抽签的方式进行，每组随机抽取一个问题进行展示。教师采用课堂实施阶段成果展示记录表予以记录评价。

③评价反馈

在这一环节里，教师可以采用多种评论机制。其中，主要有以下三个方面：第一，在小组内外相互点评，可以促进小组内部和各小组之间的学习和交流，也有利于学生之间相互借鉴；第二，教师根据每组表现进行针对性评价。在进行评价时，教师可以从两个方面进行：首先是对内容进行补充或者评价；其次是评估这些学生在课堂上的表现和学习态度；最后是参与的教师运用课堂评价标准对本次授课内容和学生表现进行全面总结和评估。授课教师应负责保存这些记录，以便今后可以从中汲取经验和教训。

④课后反思阶段

教师的反思应着眼于教学目标是否实现、学生学习获得感、教师教学表现、教学法的运用、教学成败得失等。教师应鼓励学生进行反思，学生反思应聚焦自身学习动机、自身学习成效、师生互动、生生互动、个人表现评估等。

7. 基于移动学习的英语阅读自主学习

移动学习是在泛在时间、泛在地点，利用移动设备与虚拟的、物理的世界交互发生的个人的、协作的或者混合方式的学习，也包括正规场景，利用移动设备促进个体探究和发展的学习。移动学习具有个性化、互动性、碎片化、多样化的特点。通过移动端，学习者可以根据自己的学习水平和偏好来选择学习内容、学习地点和学习时间。在移动学习中，学习者可以通过移动设备，与教师、同伴或其他学习者进行人人交互，也可以与机器、与平台进行人机交互。通过移动端，学习者可以利用碎片化的时间学习，可自行决定学习时间的长短。无线移动技术的发展可以使图片、声音、动画、视频等多媒体同步呈现，极大地丰富了学习者学习内容，增强了学习兴趣。

市场上的英语语言阅读学习 App 根据学习内容，具体可分为四种类型，包括但不限于原创、新闻、学术考试和教学辅助等。原著类型的学习资源能够提供英文原版小说，让读者有机会体验传统的书本阅读体验；新闻类学习资源的来源涵盖最新的政治、经济、科技、文化等事件，类似于阅读报纸的内容；考证类课程的核心内容包括国内外知名的英语考试题型，而且其所提供的学习资源紧密配合考试题目，有点类似于传统的习题册，旨在加强学习者的考试技能；教材（辅）类主要指的是数字化的教材和帮助学习的软件辅助资料。教师可向学生传授以下基于移动端的英语阅读学习策略：

（1）运用电子词典

大部分英语阅读 App 都有内嵌词典，可运用内嵌词典查阅生词、翻译句子。除了生词的中文注释外，学习者还应关注重生词的发音、音标、例句。

（2）利用中英文对比深化理解

英语阅读 App 提供阅读材料或部分阅读材料的中文译文。学习者可根据阅读困难，决定是否或何时参考中文译文，以加强对材料的理解，或检查是否正确理解了材料。

（3）难度匹配，循序渐进

英语阅读 App 往往使用不同的方法来表示阅读材料的难度程度，如 Lexile 阅读分级体系被一些应用程序采用，这种体系是美国权威的标准，主要被用于测量学生的阅读能力。基于这种体系，这些应用程序能够科学评估学生的阅读能力，并制定出更具个性化和专业化的阅读任务。在开始学习前，该 App 会对使用者进行一项起始测试，以评估学习者的知识水平。该测试有 25 道阅读题目，能够评估学习者的水平值。根据测试结果，该 App 将会向学习者推荐适合其水平的书籍等级。有些应用程序会要求用户在使用前输入其语言水平，比如英语四六级、雅思或托福等级，以便根据不同级别的词汇量过滤文章中的生词。另外，该 App 还具备一个可选的功能，能够让用户根据个人情况筛选所需的生词。学习者应根据自身现有水平来选择相适的阅读材料，并循序渐进提升阅读水平。

（4）学练结合

许多英语阅读 App 会提供阅读后的练习，且以选择题形式呈现，学习者的做题正确率会同步显示。学习者可借此检测自身对篇章的正确理解情况。

（5）趣味驱动

学习者可利用英语阅读 App 的趣味性缓冲学习疲劳，强化阅读学习的可持续性。有的 App 以生动的插图提高用户的阅读体验，有的 App 则以阅读材料的趣味性和单词接龙等小游戏来营造阅读的快乐体验。

（6）读听结合

许多 App 开设了原声朗读的功能，学习者可以采取先读后听、先听后读等方式，让听力输入和阅读输入同时发生，以强化对生词的记忆和理解。

（7）成就获取

相对于趣味性，成就感对于学习的驱动效果会更好，更有助于持久性的阅读学习。几乎所有的英文阅读 App 都设置了不同类型的激励机制。例如，阶段性测试、阅读排行榜、积分制、会员制、虚拟货币、显示正确率。对此，学习者可以有选择地使用。

（8）交互协同

英语阅读 App 一般都能提供不同程度的交互，如人机交互、生生交互、师生交互。通过练习，可实现人机交互；通过班级论坛，可实现师生交互；通过评论、问答、翻译等，可实现生生交互、师生交互。学习者使用交互功能，可缓解"一个人在战斗"的孤独感。一方面，通过交互，检验和强化自身学习效果；另一方面，通过交互，特别是人与人之间的交互，产生正向情感驱动，喜欢上阅读，或者使阅读行为持续化。

8.数字化批注式英语阅读

批注式阅读是学习者充分调动自己的主观能动性、综合运用各项思维能力，对阅读文本进行解码和注译，是学习者在自主状态下使用恰当的文字与阅读文本进行的一种创造性对话。

根据批注内容的不同，批注可分为识记批注、增删批注、质疑批注、感悟批注和评价批注这五类，这五种批注层层深入，层层递进。根据批注位置，批注可分为页眉批注、页脚批注、页边批注、行间批注、独立批注。我们可以将批注的方式分为三种：符号批注、文字批注和提纲批注。批注式阅读有两种不同的形式，一是书面文本批注式阅读，二是数字化批注式阅读，它们以媒介的不同而有所区别。进行数字化批注式阅读时，如果使用支持批注的应用软件或批注软件，学生就可以通过电子文本上的符号、使用文字、声音等方式记录个人的想法、感受和疑虑，这就是数字化批注式阅读的一种形式。

批注式阅读的意义在于减少学习迷失，记录学习过程；培养发散思维，发展创新能力；培养问题意识和探究能力；促进读写相长，提升表达能力；增强自主学习和终身学习的能力。

数字化批注工具可分为电子文档批注工具、网页批注工具、社会化批注工具三类。其中，电子文档批注工具包括 Microsoft Office 办公软件中的 Word、Excel 和 PowerPoint，金山公司的 WPS 办公软件，打开后缀名为 .pdf、.caj、.kdh 的软件工具。网页批注就是在进行网络阅读过程中，对网络浏览器中网页的内容进行标记（例如画线、高亮文本或添加文本批注等），简单地说也就是在线网络笔记。网页批注也可以称为"页面标注"或"网络标注"。网页批注工具有基于服务器的，有基于浏览器插件的，也有基于代理服务器的。社会化批注是一种基于中间代理对第三方的只读网络资源添加批注，并且可以再现或分享批注及其上下文的 Web2.0 应用。简言之，社会化批注是一种应用 Web2.0 思想和技术的、基于代理的网页批注系统。

（1）教师的教学应用策略

①数字化批注式阅读教学的应用

以问题为中心、以自我发现为支持、以阅读和写作相互促进的方式，即批注式阅读。为了让学生做好课前阅读准备，老师可以设计一些问答环节，同时提供相关阅读材料，并明确本课的学习目标和任务。这样，学生就可以提前学习课文涉及的词汇、语法，以及作者和写作背景等相关知识。同时，教师应要求学生简短地记录他们在阅读文本时所做的注释。批注式阅读教学的目的是通过将阅读与写作相结合的合作学习方式来实现教学目标。第一步，学生可以自己查找资料或利用老师提供的学习资源来独立地阅读文章，同时要使用数字批注工具记录阅读时的想法、疑问和感受等信息。第二步，小组成员可以分享自己的阅读批注并进行交流，以深入探讨阅读内容。在进行讨论时，教师需要适当引导学习者，避免偏离主题。第三步，每个小组会选出一位代表，向全班展示他们的批注阅读成果，教师带领全班一起对这些成果进行深入的讨论。在讨论过程中，教师要回答学生在阅读方面的主要疑问，并与学生分享自己的阅读注释，供他们参考。第四步，老师对学生的阅读成果进行评估和总结，并带领全体同学回顾授课内容。第五步，教师针对教学内容进行一些扩展和延伸，以提升知识的巩固和加强学习效果。

这种自我决策、团队协作、探索思考的阅读方法，可以增强学生的交流沟通能力和独立学习能力。按照这种方法进行学习，他们能够主动参与阅读并成为学习的主导者，其英语阅读能力也会得到不断提升。此外，教师也能够成功地实现角色转变，成为具备多重身份的新型教师，进而主导阅读教学活动的设计、辅助、引导、监控和帮助工作。

②将数字化批注工具应用到作业批改中

针对数字化环境，教师可以使用数字化批注作为一种批改工具，同时，这些批注信息和方式还可以作为学习者自主学习的一种渠道。教师在批改学生的作业时，可以使用各种符号和文字工具进行标记，以指出错误，并在旁边加上评语，给予反馈，这样可以为学生提供有用的指导信息。此外，学生还能相互检查彼此的作业，不仅能够提高学生的批评和发现问题的能力，还能使他们熟悉多种批注工具，进而将其运用于实际当中。

（2）学习者对批注工具的应用策略

①培养英语数字化阅读的意识

根据心理学的研究，学习者的行为选择会受到其意识的影响。只有当学习者内心真正渴望学习英语并积极付出行动时，他们才会有动力去主动学习。此外，仅仅依赖于教师所传授的课本知识，已不足以满足时代的需求。学习者应该意识到在现代社会中，英语学习具有重大意义，并且数字化阅读已经成为趋势。为此，学习者应该利用数字技术学习英语。据相关调查显示，许多学习者表示由于无法理解英文文献，导致他们的自信心下降，因此他们很少使用计算机查阅英文资料。学习者应该先改变他们的想法，无论是学习英语专业还是非英语专业，他们都应该认识到数字化英语阅读的重要性，并努力提高自己的英语阅读量，不能因为一时的困难而退缩。

②养成良好的批注习惯，进行深度阅读

随着计算机的广泛应用和网络技术的快速发展，数字化阅读作为一种全新的阅读模式正在逐步兴起。随着学习者对数字化阅读的倾向日益增长，这种阅读方式因其资源丰富、便于获取、开放自由、快速便捷等优势而备受推崇。然而，数字化阅读也带来了一些问题，比如阅读过程变得过于简单化、零散化，只能让学习者进行粗略的浏览，甚至不能称之为真正的深入阅读。这种仅仅浏览而不进行书面表达的阅读方式会导致学习者缺乏对于阅读内容的深度思考与长期记忆。批注式阅读是一种极佳的读写结合的方式，要求学习者通过克服惰性，培养对批注的热情和习惯。批注式阅读可以促进人们的思维开阔，提高学习者的问题意识及自主学习和探究能力，从而收获更深层次的阅读体验。

③学习并掌握批注工具的使用方法

学习者要进行数字化批注阅读，就需要使用具有批注功能或支持批注的软件。由于文件类型的不同，需要使用对应的阅读软件，并且每款软件的批注功能也要各有差异。为了开始批注式阅读实践，学习者需要学会使用相关批注软件以及掌握其功能，并且熟练掌握批注式阅读的应用方法。要进行数字化批注式阅读，学习者需要在具体的阅读过程中选择合适的批注工具，以满足自己的阅读目标和需求。这是数字化批注式阅读的第一步，也是至关重要的一步。

④合理利用批注内容，增强批注内容的使用率

学习者通常会在阅读时做笔记，可是这些笔记很少被用来回顾或复习，这使得批注式阅读的作用难以完全发挥出来，就像是白费力气一样。在进行批注时，动机会影响批注的意义。学习者应该注重从文化交流角度出发，分享和交流批注的成果。由于批注源自学习者的独特阅读体验和思考过程，因此不同学习者之间难免会呈现出个人化和多样化的理解和解释。通过与他人交流和分享，学习者能

够学习不同的批注方式和内容的理解,进而能够借此进行反思并进一步完善自己的批注技巧。这样做不仅有助于弥补不足之处,不断提高批注的品质,还可以深化学习者的阅读理解能力。

第六节 大学英语写作教学创新

一、大学英语写作教学概述

(一)大学英语写作教学的内容

一般来说,拼写与符号、选词、句式以及结构等都是大学英语写作教学的内容。

1. 拼写与符号

如果缺少规范的拼写与符号,句子的含义就难以表达,文章的内在逻辑关系也难以体现出来,这就在无形之中提高了读者的阅读难度。可见,拼写与符号是大学英语写作教学中不可或缺的内容。

具体来说,学生首先应保证拼写和符号的正确性,以避免引起不必要的阅读障碍。在保证正确性的基础上,学生应努力使拼写、符号规范、美观,易于辨认。虽然这些都属于细节问题,却对写作有着重要的影响。

2. 选词

在不同的文化背景下,词汇有着不同的意义。此外,词汇的含义还有表层和深层、基本义与引申义之分。因此,如果缺乏对词汇含义的准确了解,就很难在写作过程中依据表达需要来选择适当的词汇,这将对写作效果带来消极影响。

词汇的选取既是作者与读者进行交流的一种方式,也是作者写作风格的体现,且常常取决于作者的个人喜好。所以,在进行词汇选择时一般要考虑语域的影响,如非正式词与正式词、概括词与具体词等。此外,还应注意感情色彩的因素,如褒义词与贬义词等。

3. 句式

句式对于写作来讲非常关键,因为语篇就是由一个个词与一个个句子通过一定的组合而构成的。英语句法结构丰富而多变，对句式的掌握与运用是进行英语写作的利器，这就使句式成为英语写作教学的重要内容。

为提升学生习作的可读性，教师可通过句式练习来帮助学生掌握对句式的运用。具体来说，教师可为学生进行"示范"，从而让他们体会句式的表达效果。此外，教师还可组织学生进行"讨论"，使他们在讨论中相互交流认识，深化对英语句式的认识。

4. 结构

从结构上来看，好的文章应达到语句和谐连贯、结构完整统一的效果。此外，在布局谋篇上还应实现语句与文体、主题、题材的统一。

（1）和谐连贯。和谐连贯是一篇好文章的必备条件。所以，教师应对逻辑性与连贯性给予充分重视。在具体的写作教学过程中，教师应引导学生格外重视词汇与词汇之间、句子与句子之间、段落与段落之间的内在联系，从而使文章实现统一和谐、自然、流畅的表达效果。

使用恰当的连接词和过渡词语是连贯统一的重要保障。例如：

表示让步的词语：though，although，even if

表示并列的词语：and，also，or，likewise

表示递进的词语：furthermore，once more，for another thing

表示比较的词语：similarly，important，in the same way

表示转折的词语：but，however，nevertheless，while，yet

（2）完整统一。一篇好的文章应具有清晰的逻辑与条理的表达层次。因此，评价一篇文章优劣的重要标准之一就是看该文章是否完整统一。所谓完整统一，是指文章中所有的细节，如事实、原因、例子等都要围绕主题陈述和展开，所有的信息都要与主题相关，而所有脱离主题的信息都要删除，以保持文章段落的完整性。

（3）谋篇布局。所谓谋篇布局，就是根据不同的题材、体裁来确定篇章以及段落的整体结构，并据此选择恰当地扩展模式，保证写作的顺利开展。在写作之前首先要谋篇布局，谋篇布局作为写作的起点，对写作有着至关重要的作用。具体来说，段落的大体结构是"主题句—扩展句—结论句"，篇章的大体结构是"引段—支撑段—结论段"。需要注意的是，谋篇布局并不是固定不变的，当题材和体裁不同时，文章的谋篇布局也会随之变化。

（二）大学英语写作教学的原则

英语写作教学源于写作实践，反过来又服务于写作教学实践。英语教师想要在写作教学过程中取得理想的教学效果，就应遵循如下几项原则：

1. 主体性原则

大学英语写作教学首先要明确学生的主体地位，尊重学生的主体性，以学生为中心展开教学活动。只有激发了学生的兴趣，提高学生的学习主动性，学生才能真正成为学习的主体。其中，小组讨论就是一种提高学生主动性的有效方式。在小组讨论时，教师可以采取多种方式，如可采用提问法，也可以采用卷入式；如让学生集体回答问题等，还可以采用学生互助的方式。

因此，在写作教学过程中，教师应注意引导学生积极参与其中，发挥其学习的自主性，不断提高写作能力。这里需要提及的是，强调学生主体参与并不意味着学生可以独立写作，也不是对学生放任不管，而是注重学生在写作过程中可以参与写作的全过程，包括提纲的拟定、资料的收集、信息的处理、谋篇布局、初稿的修改与完善等。

2. 综合性原则

听、说、读、写四项基本技能相互影响、相互促进。写作并不只是单纯地写，而要与听、说、读紧密结合起来，只有这样写作课堂才会更加生动，学生写作水平的提高才更有效。因此，英语写作教学还应遵循综合性原则。写作可以作为听、说和阅读的后续活动，也可以作为对听、说与阅读材料的应用。

3. 对比性原则

对比性原则要求教师在写作教学过程中应注意向学生传授母语与英语之间各自的特点以及二者的差别，为写作奠定基础。有很多学生虽然具备了较好的中文写作能力，但在英语写作中用英语解码与编码的能力并不完善，容易将中文写作习惯机械地迁移到英语写作中去，这样写出的作文就有很明显的中式英语。

因此，教师在教学实践中应善于对英汉两种语言与文化进行对比分析，引导学生了解这两种语言在构词、造句、谋篇以及思维方式等方面的差异，使学生在写作时使用地道的语言，采用英语思维，提高写作质量。

4. 多样性原则

在写作教学过程中，教师应遵循多样性原则。一方面，多样性原则指的是采取多种多样的训练形式。具体来说，教师可以引导学生采取扩写、缩写、改写、仿写、情景作文等练习，通过多种训练方式使学生不断掌握写作的技巧。另一方面，多样性原则指教师引导学生在写作时采取多种多样的表达方式。多样化的表达既可以弥补学生在语言知识方面的不足，又可以提高学生灵活运用语言的能力。

二、大学英语主要的写作教学法

写作是一个用语言表达情感、通过独特的句子结构和内在联系来感染读者的过程，需要作者凭借创造力，开展复杂的构思来实现其目标。从广义角度看，写作技能可以被描述为书面表达，其目的不仅是提升写作者的文字能力，如字词、句子和段落的运用，还涉及各种文体的写作技巧教学。思想内容是文章的核心，而语言形式是这个核心所依附的外壳，并为其服务。英语写作就是用适当的术语精准地组织言辞，使其连接得当并呈现连贯的思路，进而实现作者思想的表达。

（一）结果写作教学法

1. 结果写作教学法的概念

结果写作教学法这一术语最早起源于心理学，并且最初的应用是在拉丁语教学中。它将行为主义作为理论基石，以句子层面为基础，通过自下而上的方式进行写作教学。该方法强调加强学生的语法练习，注重他们的表达能力，能够逐步提高他们的写作水平，从顺序上看是从单个句子到段落再到篇章。在学习的全过程中，教师一直是课堂中扮演主导角色的核心人物。当教授学生写作技能时，教师往往关注技能的传授，并逐步引导学生从语法练习向自由写作的阶段迈进。除此之外，教师还注重激励学生以范文为模板，创作一篇与之相似但达到同等水平的文章。在以结果为导向的教学中，教师应该把重点放在教授语法、修辞和写作技巧上。因此，这些内容应该被优先考虑并排在所有操作步骤的第一位；其次，教师应该给学生提供范文样例，并对其进行分析讲解，以帮助学生更好地掌握写作技巧；最后，教师应该出一道作文题目，要求学生以提供的范文为模板进行仿写。

2. 结果写作教学法的理论基础

行为主义理论是指人或者动物的行为可以通过一定的外界环境刺激来实现。

该理论认为，反复的环境刺激可以影响并改变人的行为模式。它的基本假设是行为是学习者对于外界环境刺激所作出的反应。它们把外界环境看作刺激，把随之产生的有机体行为看作反应，认为所有的行为都是可以习得的。

行为主义理论的代表人物是美国著名的心理学家伯尔赫斯·弗雷德里克·斯金纳（Burrhus Frederic Skinner）。其主要的行为主义学习理论包括以下几个方面：

（1）学习的过程就是刺激与反应的联系，即学习者针对外界环境刺激作出反应的过程，是形成联系、增强联系、调整联系的过程，通过不断地对学习的行为进行"塑造"，最终达到有效的学习。

（2）学习过程中，教师和学习者的关系是明确的。教师是教学活动的设计者和组织者，是训练者，而学习者在教师创设的教学环境中被动地接受知识，充当接受者、被领导者。因此，学习者对知识的掌握依赖于是否能够在教师创设的外界环境刺激下作出合乎需要的反应，并通过反复练习，在得到及时的反馈下最终强化巩固所获知识。

（3）教学被看作是需强化的事件以促进学习，所以高效的教学就是教师要为学习者创设能够对学习刺激作出反应的机会，并在学习者作出反应之后，产生及时的反馈。

（4）行为主义学习理论强调当所要塑造的行为较复杂时，有必要将其拆分为几个小步骤来分别呈现，对学习者的任何反应立即作出反馈，通过对每个小步骤逐一学习直到掌握整个复杂的行为。

行为主义理论对外语教学有很大的影响，通过创设好的外界环境对学习者进行分步骤刺激、强化来实现有效学习。因此，基于行为主义理论的结果写作教学法就要求教师创设精心制定的外部强化刺激，通过依赖课堂上反复的操练、巩固，最终形成相应的行为习惯。

3. 结果写作教学法的内容及评价

结果写作教学法的相关研究具有悠久的历史，其应用范围涵盖国内外。有一些专家认为，采用结果导向的写作教学法可以帮助学生更好地理解目标语言的结构，还可以提供一个有机的框架，让他们能够有策略地识别这些结构并成功地将其运用于实际场景，从而提高他们的写作水平。根据马斯洛需求层次理论，我们可以使用以成果为导向的方法，促进学生在实现目标的同时，满足他们对方向感、定位、紧迫感、安全感和目标感等多重需求。

　　我国的写作教学,长期以来采用的是结果法,其属于主流教学方法。结果法是一种备受欢迎的教学方式,它能够对学生的语言能力和应试写作水平起到有效的提升作用。而且,这种教学方式在课堂上操作简单易行,适合学生快速掌握所学知识。通常在教授写作技巧过程中,教师会采用结果导向的写作教学法,重点分析范文的句法、语言结构、段落连接等细节,并协助学生模仿这些细节,以此引导学生形成类似的写作思维模式。一般情况下,教师会运用标准的三段式样文,包括开头、中间展开、结尾等分段,以培养学生掌握文章整体结构的能力。从三段式写作结构出发,教师可以提供更具体的指导,帮助学生巧妙地引出话题并吸引读者的兴趣,从而引导广大读者一直阅读下去;在展开段中,学生应当始终紧紧围绕主题展开谈论,通过有条理的论述方式,将所要表达的要点逐一清晰阐述。其中,学生可以采用分条式、举例论述、比较对比等方式,让文章逻辑有条理,衔接紧密连贯。同时,注重段落之间的过渡,让前后段之间有明确的联系,让文章整体呈现统一的思路,使读者可以轻松理解文中所表达的意思;要想在结尾段中概括整个文章的中心思想,教师可以指导学生回顾全文的重点内容和论点,阐明它们与中心思想的联系。学生可以对中心思想进行简明扼要的概括和总结,让读者在结束阅读时能够清晰地了解文章的主旨和主要观点。此外,在结尾段中,学生可以适当运用排比、反问等修辞手法,增强表达的力度和感染力,使读者留下深刻印象。总之,学生一旦获得写作命题,就会开始规划文本的框架,也就是考虑如何布置三段式结构。此外,写作课上的老师还会整合各种常见的考试写作题目,并对不同类型的范文进行逐一分析,以便学生能够熟悉并掌握相关的写作技巧。比如说,从历年高考作文的出题情况来看,我们可以将作文题目大致归为几类:一是比较不同观点的作文类型,二是探讨解决问题的方法的作文类型,三是分析图表资料的作文类型,四是表达主题的作文类型,五是根据图片展开写作的作文类型。通过学习"结果写作教学法",学生可以采用题型模板,在保证题意表达的前提下,简化写作流程,而且学生只需列出主题句和相关细节,即可高效完成写作任务。在这种教学模式中,学生可以通过反复练习来掌握不同的写作题型,并熟练使用一些常用的句式和短语。这将促使学生的写作水平得到显著提高,无论他们的初始学习水平如何。学生在写作过程中完全受制于教师的控制,缺少自由创作的机会，这使得写作变得枯燥单调，只是简单的输入和输出。在没有得到正确的写作过程指导的情况下，即使学生对不满意的作文进行了重新书写，结果也往往无济于事。教师专注于处理写作的技术细节，如排版、拼写和语法等，这会耗费大量时间和精力。相应的，学生通常只关注作文的分数，而往往忽略教师的评价和修改建议，这会导致同样的错误在学生以后的作文中不断重复。学生需要运用语言结构进行操作，而教师则需要负责文章的编辑和审阅。有些教师对文章的思想内容和语言表达的重视程度十分有限，但非常重视语言的形式特性。当教师进行写作指导时，他们着重关注的是学生的写作成果，尤其注重语言表达是否精准，以及文章结构和素质。运用结果写作教学法的教师往往过于关注写作的成果，而忽略了写作过程的复杂性，同时也没有充分了解学生在写作过程中所遇到的问题和难处。如果学生在写作时没有基于自己的思考，也没有表达出个人的生活体验和理解，那么他们会缺乏内在的动力和积极性。教师往往对写作进程进行严格控制，这会在很大程度上减少学生发挥创造力和展现创作自由的机会，并且这种方式可能会导致学生对写作失去兴趣和动力，甚至产生写作恐惧症。在这种情况下，很常见的现象是，学生的文字表达的内容空洞，结构不自然僵硬，用词贫乏，缺乏新意。学生个人独立完成写作任务，教师则单独为每份作品进行评估，缺乏实质形式的集体交流、讨论和修改等主观参与环节。这种教学方法忽略了学生的情感需求，可能会引起学生的不安、压抑等负面情绪，这些情绪可能对学生写作造成心理上的障碍。结果写作教学方法不足以解决学生在情感和学习方面的困难，因此相关人士研究的重点已经从写作成果转移到了作者在写作过程中的具体行为和活动上，以更深入地探讨这些方面。

（二）过程写作教学法

贾特·艾米格（Janet Emig）于1971年对8名美国中学生进行了调查，所采用的方法就是案例研究法和记录分析法，以探究他们的写作过程。她初次尝试使用口语思考法以研究学生的写作过程，得出结论是：写作经历并不是一条线性的道路，即不全是先进行写前准备，然后进入正式写作和修改，而是一个不断循环迭代的过程。这个发现揭示了写作的行为特点，从认知角度深化了我们对该领域的理解，并验证了过程写作法在其中扮演的重要角色。

1. 过程写作教学法的概念

过程写作教学法在写作教学中具有极其重要的作用。运用此方法时，教师要注重观察和指导学生的写作过程，从而帮助学生充分发掘自身的写作潜力。该方法主张通过多种教学策略，如师生互动和生生互动等方式，让教师的指导和监督能够帮助学生更好地理解和掌握写作过程。就理论而言，过程写作教学法强调将写作看作是一个综合认知、心理和社交互动的交互循环过程。这种方法注重强调写作中思维的核心作用，也强调写作者的主体意识对于提高写作水平的重要性和积极影响。具体而言，过程写作教学法强调提高学生的实际交际能力和智力水平。此外，这种教学方式不同于过去过度依赖语法、结构和机械模仿的教学方式，它注重写作和协作学习的过程，鼓励学生通过这种"过程性"学习获得高质量的写作成果。

2. 过程写作教学法的主要阶段及特点

迄今为止，语言学家对写作过程的描述及阶段的划分仍未达成一致的观点，主要有以下几种观点：

第一，写作过程可分为计划、写初稿、修订三阶段。

第二，写作应分为触发、收集资料、成文、修改和编辑五个阶段。

第三，写作教学分为写前准备、写初稿、修改、校订四个阶段。除此以外，还可以在写初稿之后加上反馈、评估、写作后活动等阶段。

第四，部分学者把写作分为七个步骤，它们是：输入阶段、写初稿、同学互评、写二稿、教师批阅、师生交流和写定稿。

不过，无论采用何种分类方式，写作过程总可分为起步、写作、和修改三个主要阶段。在起笔写作之前，学生应采用多种渠道获取资料和素材，并发散灵感。而教师的职责是帮助学生拓宽眼界，并根据学生掌握的知识结构，选择合适的主题和文体，同时明确写作目的，制订详细的大纲计划；在写作过程中，学生应该更注重表达自己的思想，而不用过于过度关注语言的精确性。教师有责任引导学生认识到初稿的制作是一个需要反复思考和创意思维的过程；在进行修改时，学生需要与同学、老师和其他人共同协作，对文章的内容和形式进行审查，并通过不断修改，确保文章的思想和表达方式达到最佳水平。在这个阶段，教师应该积极参与并扮演指导者、支持者和激励者的角色。

过程性写作最明显的特征就是注重思维训练和作者的能动作用。布朗（Brown）曾把过程写作的特点归纳如下：以引向最终写作结果的写作过程为中心；帮助学生理解他们的写作过程；帮助学生学会各种有关构思、初稿、修改等方面的策略；给学生足够的时间去写和重写；重视修改初稿的过程；让学生自己去发现他们想写的东西；在整个写作过程中，教师都应该给学生反馈意见，使学生能更贴切地表达自己的意思；教师和学生都积极地提出自己的意见；整个写作过程都伴随着教师与学生之间的个别交流。①

（三）过程体裁教学法

1.过程体裁教学法的提出

随着体裁理论的进步，体裁教学法被引入教学实践中。每种写作类型都追求不同的交际目的，然而它们都有共通的结构，这个结构会对作者写作的语言风格和表达内容产生影响。语篇的意图决定了体裁的文体分类，从而影响了它的结构和展示方式，并进一步决定了内容和风格的选取。举例来说，由于记叙文和说明文的交际目的存在区别，它们的图示结构、语篇内容以及语言使用也存在差异。学生在熟悉某个文体的特色之后，所创作的文章将会变得更加简单。体裁教学法强调在教学过程中，应广泛运用各种语篇体裁，并基于体裁分析理论进行教学；同时，重视语篇的图示结构，并以此为基础展开教学活动。

一些学者通过研究发现，成果教学法、过程教学法和体裁教学法三种写作教学法各有优劣。成果法的优点在于强调学生需要熟练掌握文章写作所需的语言知识，并强调模仿是学习过程中的一条重要路径。然而，这种方法存在一些缺陷，比如它忽视了写作计划和其他技巧的必要性。过程法认为写作技巧至关重要，注重学生在课前做好充分准备，这有助于提高学生的写作能力。不过，它的缺陷在于采用了普适的写作过程，而没有考虑不同文章类型之间的差异。此外，运用这种方法产生的结果是输入不足，尤其是在语言学方面缺乏足够的输入。体裁法强调写作活动是受特定社会情景制约的，是为特定目的服务的，学生可以通过有意识的模仿和分析范文提高写作能力，短处是对写作技巧重视不够，学生在学习中显得有些被动。

---

① 李明，陈为华. 基于问题溯源的课堂教学行为转变的实践研究 [M]. 上海：同济大学出版社，2014.

英国斯特灵大学的理查德·巴杰（Richard Badger）等人通过研究发现，成果教学法、过程教学法和体裁教学法三种教学法各有利弊，但彼此又是互补的，因此在2000年提出过程体裁教学法。理查德·巴杰等人认为写作应包括语言知识、语境知识、写作目的和写作技巧等要素。[①] 写作目的、语言知识和语境知识都可以为写作者提供足够多的语言输入，可以使写作者有话可说，调动写作者的写作潜力，而写作技巧的训练可以使写作者知道怎么说。

2. 过程体裁教学法的理论依据

（1）建构主义理论

建构主义的核心理念是将学生置于中心位置，注重学生的自我深度探究和自我探索，倡导学生主动建构知识、掌握知识内涵的过程。按照建构主义的相关观点，教师不是唯一的知识提供者，而是在特定的社会文化环境中，学习者通过获取知识和与他人交流，依据必要的学习材料和建构意义以获得知识。在该理念下，学习的最终目标是"意义建构"。在教学中，鼓励学生进行意义建构，意味着通过引导学生深入探究当前学习内容所涉及的性质、规则和与其他事物的关系，激发他们思考和领悟更高层次的知识。

（2）语言习得理论

只有当习得者接触足够的"可懂的语言输入"，而又能把注意力集中于对意义或对信息的理解而不是对形式的理解时，才能产生习得。语言输出有三个作用：促进学习者对语言形式注意的功能，提供学习者进行检验自己提出假设机会的功能，提供学习者有意识反思机会的功能。语言输出能帮助学习者提高使用语言的流利程度，使学习者意识到自己在使用语言时存在的问题，并以语言对假设进行反思。

（3）体裁分析理论

体裁定义分为四种：第一，体裁是一种可辨认的交际事件；第二，体裁不是一般的交际事件，而是一种内部结构特征鲜明、高度约定俗成的交际事件；第三，在建构语篇时，必须遵循某种特定体裁所要求的惯例；第四，尽管体裁有其惯例和制约性，内行人仍可在体裁规定的框架内传达个人的意图或交际目的。

[①] 杨胜宽. 质量·特色·改革·创新 乐山师范学院教学质量与教学改革研究文集[M]. 成都：电子科技大学出版社，2008.

体裁分析既涉及文体分析又涉及语篇分析，其根本宗旨是研究语篇的交际目的和语言使用策略。体裁分析将语言学分析方法与社会学和心理学方法紧密结合起来，语言学分析方法主要用来描述语篇的语言特点，社会学方法则是把语篇作为社会现象和社会行为来研究，探讨语篇的社会性和规范性，从而揭示特定体裁结构之所以形成并得以沿用的社会文化因素，心理学方法则研究语篇的认知结构和建构策略，探讨特定的交际目的如何在特定语篇中实现。

（4）图示理论

图示理论认为，人们在理解、吸收、输入信息时，需要将输入信息与已知信息（即背景知识）联系起来，对新输入信息的解码、编码都依赖于人脑中已存的信息图示、框架或网络。输入信息必须与这些图示（schema）相匹配，才能完成信息处理的系列过程，即从信息的接受、解码、重组到贮存。图示分为三类：语言图示、内容图示和形式图示。语言图示是指读者对语言的形式结构、语义结构等的了解；内容图示是指关于物体、思维或现象的概念或一系列相关的概念；形式图示也叫结构图示，是指关于文本篇章结构的知识，即对文本格式的安排、结构排列等的熟悉程度。

在过程体裁法的写前信息输入阶段，学生通过阅读、模仿范文来建构起必要的图示知识，把握了体裁的内涵、内容和文章的整体脉络，对于后来的写作阶段起到了不容忽视的重要作用。

3. 过程体裁教学法的实施步骤

过程体裁教学法将教师、学习者和文本视作三种写作输入源，分别作用于写作的不同环节。过程体裁教学法认为：写作是一个复杂的心理认知过程和创造过程，写作教学应该重视写作的情境，帮助学生明确写作的目的，并充分考虑话语方式、话题范围和话语基调，然后再生成书面英语，最后成文。

通常，过程体裁写作可分为以下几个阶段：写前信息输入、写中信息输出、写后反思定稿。这几个阶段不是各自孤立的，是相互渗透、互相作用的。在教学过程中具体的实施模式如下：

（1）写前信息输入

第一，阅读范文。图式理论强调写作离不开阅读，因为要学会某一体裁的特定规则并运用于写作，学习者必须阅读才能熟悉该体裁的模式，培养对体裁的敏感性，形成知识网络并储存于大脑。认知心理学认为，阅读模仿是一个有意识的积极主动的摄取信息、建构图示的学习过程。

第二，范文分析。成熟的体裁有特定的结构和语言特点。不同体裁的语篇交际功能不同，从而使语言风格和组句成篇的语步和模式各异。教师选择特定体裁的例文，向学生讲解这一体裁的结构、语言特点，使学生充分了解这一体裁的语境，包括话语范围、话语基调和话语方式。

（2）写作信息输出

第一，模仿写作。学生了解了某一体裁知识并分析之后，还未能真正学会使用语篇知识来建构语篇。从模仿写作开始，学生要学会对提取存储的信息进行强化。有意识地引导学生运用上一个步骤中所获得的某一特定体裁的知识进行模仿写作，帮助学生将这一体裁的结构特点、语言特点"内化"到其知识结构中，确保其在以后写作同一体裁文章时能做到得心应手，发挥自如。

第二，独立写作。在信息输入和模仿写作之后，学习者对特定体裁的语言内容和形式已经形成了一定的图示。但是，要能真正把所学的东西运用于写作还需要一个思维组织过程。因此，在学生就某个题目开始独立写作之前，教师应启发学生剖析题目，如明确论点、提供论据、列出写作步骤等，并鼓励学生畅所欲言。

第三，修改编辑。写作是一个互动的交际过程，它的互动性表现在从作者到读者，又从读者到作者的角色交替。写作能力不仅指写成文章的能力，还包括修改能力、评判能力、总结经验教训的能力等。这个步骤包括学生自己修改、小组互改和教师批改。

（3）写后反思定稿

在完成以上步骤之后，学生在定稿前需要对自己的文章进行反思，这样既可以使学习过程和学习结果的评价能够达到和谐统一，也可以培养学生自我监控、自我评价的习惯。学生要充分考虑前期各个阶段得到的信息，包括教师对其他同学写作的点评给自己带来的启发或启示，在教师批阅及其反馈意见的基础上做整理和润色，这也是过程体裁写作的最后一个步骤，定稿作品的质量直接决定着过程体裁写作法的成功与失败。

虽然过程体裁写作法不是写作教学中的灵丹妙药，但该方法在促进英语写作教学上的独特优势不容置疑。学者们普遍认为该方法具有合理性、可行性和实效性，适合我国英语写作教学的现状。该方法充分发挥成果教学法、过程教学法和体裁教学法的优势，既重视交际法在具体写作环节的应用，发挥学生的主动性和创新性，又将写作活动置于特定的社会语境中，使其为特定的交际活动服务，同时保存了成果教学法对各种文体篇幅结构和修辞手法予以关注的优点。

（四）写长法

1. 写长法的提出

我国二语习得专家王初明教授曾指出：在我国学外语，众多的学生无机会体验真实的目的语使用环境。在课堂学习中，学生之间使用外语交流并非自然的交际，基本上属于语言操练。尽管教学改革中强调采用交际教学法，也未能从根本上改变操练语言形式。在这样的环境下，学生的大脑充斥着外语形式和汉语语境知识的结合物，语言形式和功能的匹配容易出现错误，实际运用语言时，学生会感到很困难，无法自然流畅地表达自己的想法。另外，对青年学生来说，来自外语交际的压力较小，使用外语的动力较弱，他们或许因为发音不标准，或许因为害怕犯错丢面子，容易出现心理障碍，不愿多开口进行语言交流。但由于多年的英语学习，他们往往都具有一定的语言表达能力，有较成熟的思想，对客观事物有自己独特的见解。根据这样的学习环境和学生特点，王初明教授针对我国国情，集各种教学法之长，设计了外语学习写长法的教学模式。

2. 写长法的理论基础

写长法的理论基础有建构主义理论、情感理论、中介语理论。由于前一个理论在本书中已有介绍，这里介绍后两者。

（1）情感理论

克拉申（Krashen）的情感过滤假设理论认为，情感屏障对学习语言非常重要：屏障低，学生学习积极性高，兴趣浓，就会学到更多的语言；反之，如果屏障高，学生在学习过程中挫败感强，就会产生焦虑紧张甚至恐惧心理，这种不自信的消极情感会使语言认知活动慢慢停止或者效率大幅降低。[1]

阿诺德（Arnold）和简（Jane）指出，"情感因素在外语学习过程中起着至关重要的作用。"[2] 由此可以推断出，学习态度、动机、自信、毅力、自我概念等情

---

[1] 林琳．"写长法"在高三英语写作中的行动研究 [J]．教师博览，2018，（第10期）：51-54．
[2] 杨光，刘永莉，操林英．多元化背景下的英语教学研究 [M]．长春：吉林大学出版社，2012．

感因素决定外语学习最终是否取得成功。外语学不好的一个重要原因，是这些因素没有充分发挥积极的作用，或是学生出现了学习心理障碍，对自己的学习能力评价低，信心不足，导致半途而废。因此，情感因素对外语教学的成败具有决定性的影响。受积极情感影响而自尊、自信、自强，学习效果就可以事半功倍；反之，受消极情感影响而焦虑、恐惧、自卑，学习效果往往事倍功半。

王初明指出，写长法是建立在满足学生情感需要之上的一种外语教学方法，它鼓励学生先有再完善，放开写，放胆写，写出自信，写出表达能力，获取成就感。[1]成就感反过来可以增强学好外语的信心，消除写外语的恐惧心理，变"要我学"为"我要学"。在实际操作中，教师应采用打对勾或给予肯定性评价的方式激发学生的积极情感，同时通过集体评阅好作文来激励学生努力提高自己的作文水平。写长法采用的这种纠错方式是典型的快乐式纠错，是纠错的一次观念性大转变，在真正意义上解决了外语学习者的情感问题。

（2）中介语理论

中介语指的是第二语言学习者独特的语言系统，这个语言系统在结构上处于本族语同目标语的中间状态。中介语的语言具有过渡性、动态发展、自成体系的特点。从理论上讲，外语学习者的语言是过渡性质的，在不断发展变化，但自成体系；从学生的眼光看它是合法的语言，无对错之分。在二语习得过程中，由于学习者语言处于不断波动和不稳定状态，出错是在所难免的。正是通过大量语言的输入、输出，学习者才能在大量的语言接触中不断提高英语语言水平。中介语只有在不断的语言习得中才能逐渐完善成目标语，因此教师应该以肯定习作优点为主，不纠缠习作中的错误。

过多地强调中介语的错误，反倒会造成错误的固化。其实，学生犯错是进步的阶梯，通过大量接触语言的正面输入，随着英语水平的不断提高，许多错误会自行消失。根据学习者中介语发展的需要，写长法提倡不改错或少改错，其纠错原则是肯定优点、间接改错。学生作文中出现的错误，大致可分为两类：一类是学生自己完全能改得过来的，如常用词拼法，名词、代词、动词的曲折变化，动词的基本时态、语态，等等；另一类错误是自己尚未弄明白的较高层次的语法、词汇用法和语篇上的错误。对于学生自己能改得过来的这类错误，要求学生在成

---

[1] 路景菊. 大学英语教学研究 [M]. 长春：吉林大学出版社，2007.08.

稿之后反复检查，自行纠错。教师在批改过程中如发现此类错误，可用红笔画出，提醒学生纠正。对于较高层次的语法、词汇用法和语篇上的错误，由于这类错误是外语学习过程中不可避免的过渡现象，教师在批改过程中可以暂作忽视，不予以纠错。随着学习的深入，学生自会对它们有一个系统的认识。

3. 写长法的特征

写长法是以写的方式促进外语学习的方法。该方法从提高学生自信心入手，通过设计适当的写作任务，促使学生在表达真实情感的过程中，逐渐加大写作量，从而提高英语写作的能力。

写长法的基本思路是：针对学外语多年而不会运用的困境，以设计激发写作冲动的任务为教学重点，在一定的学习阶段，顺应外语学习规律，通过提交作文长度要求，逐步加大写作量，使学生在表达真情实感的过程中冲破外语学习的极限，由此增强学习成就感，提高自信心，将外语知识加速打造成外语运用能力。

写长法的操作分为如下几个步骤：一是教师设计写作任务；二是每周一篇作文，课内布置，课外写作；三是每周挑选一两篇优秀作文在课内集体评阅；四是不改或少改错误，采用打钩的办法或使用简单的评语，如 Excellent、Good、Right、OK 等标出准确的用词、精彩的句子、思想的亮点等；五是学生得到足够写作锻炼之后，再适当精讲一点英语作文法；六是采用百分制，作文长度占40%，作文结构、作文思想、语言表达各占20%。其中，在作文任务的设计方面，应注意任务的多样化，可以是命题作文或半命题作文，也可以让学生写读后感，甚至续写故事。另外，还应注意作文体裁的多样性，可包括记叙文、抒情散文和议论文等。还应当根据学生的实际能力，对作文长度设定不同要求。需要特别注意的是作文长度只设下限，不设上限。

写长法的实施能否取得成效，决定于三个环节能否落实到位：一是精心设计能够激发写作冲动的作文任务，这是写长法的关键。教师设计出的促使学生语言发生波动的好的写作任务，应具备以下特征：首先，能够唤起学生表达思想的欲望，有内容可写，写得长；其次，能够有效拓展学生的语言能力，通过不同的写作任务让学生感受不同的语言锻炼。二是要求学生在课外每周写一篇有一定长度的作文，并根据学生的外语能力变化，不断调整对作文长度的要求；但是在教学过程中，应防止凑字数、抄袭等不良现象的产生。三是教师要活跃课堂气氛，多鼓励，树榜样，让学生有追赶的目标，同时要使学生看到自己在进步，产生成就感，乐意坚持写下去，提高学生外语学习的兴趣与信心。

三、"互联网+"背景下大学英语写作教学方法的创新

（一）多媒体辅助法下的英文写作教学

1. 多媒体辅助法教学特点及由来

"多媒体"在英文中对应词汇"multimedia"，这个词是"multiple"和"media"组合形成的词汇。媒体的定义有两重，第一重是指用于存储信息的实体，如半导体存储器、光盘等；第二重是指信息传递所依附的载体，如文字、图像、声音等。多媒体辅助教学就是通过将多媒体技术中的信息处理和控制技术来将教学信息形成文字、符号、动画和音视频等不同的多媒体信息，并通过电子屏幕呈现出来，让教学结构更加合理，然后在通过人机交互为学习者创造优良的学习环境，促进学习者学习兴趣和学习效率的提升。

多媒体辅助教学具有如下特点：

（1）资源海量化：各类信息、资源呈指数级快速增长。

（2）形式多样化：如文本、图片、音频、动画、视频等。

（3）活动交互性：人机互动和人际互动更加顺畅，且不再受时间和空间的限制。

（4）学习主动性：学习者在学习内容和学习深度等方面有更高的自主性。

（5）学习开放性：促进了远程教育的真正实现和发展，让教育资源惠及更多人。

开创计算机技术与教育融合先河的是沃斯顿研究中心，它隶属于美国IBM公司。1985年，沃斯顿研究中心研制出了计算机辅助教学系统，这也是世界上首个用于教学的计算机系统，它能够辅助学生进行针对性的二进制练习。此外，沃斯顿研究中心还是世界首个专门用于编写课程程序的计算机语言的研发者。

1991年，美国专家罗伯特·科兹马（Robert B.Kozma）在"Learning with Media"中提出学习者应当积极利用媒体技术共同建构知识系统。在这之前，相关学者和教育工作者都只将媒体当作教学信息的传递手段和辅助教学实施的手

段。因此这个观点在教育者之间引起了轩然大波。罗伯特·科兹马用研究证实了如果将一种媒体与能够充分发挥其优势的教学方法相结合，就能影响学习者处理学习信息的方法与思路。也就是说，同一学习者在完成同一学习任务的时候，所使用的媒体不同，产生的学习效果也会不同。在他的观点中，将各种信息媒体集合在一起的多媒体环境为学习者提供了多样化的媒体符号和信息处理能力，让学习者能够将知识进行拓展和延伸，交互视频环境能够帮助学习者建立分析问题的情境，便与其形成适当的思维模式，这一点对于学习者分析社会实际问题尤其有效。由此可见，多媒体环境能够帮助学习者将文本与其他信息符号的表达进行联系，并基于这样的联系来形成一定的意义。

1998年，法国教育部提出名为"将法国社会带入世纪"的计划，推动法国学校教学计算机化的普及，力求让所有学校都实现信息化。将来，学龄儿童的学习将在计算机系统中进行，小学生也能掌握电子信函的使用方式并能熟练地从网上获取所需要的信息。中学生将掌握更加高级的计算机技术，中学毕业生和大学毕业生将拥有个人的电子信函地址。法国政府认为让未来的公民得到有关信息和通信技术的专门训练，掌握必须具备的新的通信工具，是政府教育目标之一。

2. 基于多媒体和网络的过程体裁教学法

（1）写作网络教学平台设计

写作网络教学平台的设计要以互联网为大环境，建立在校园网络的基础之上。写作网络教学平台的构成包括以下几部分：范文习作语料库、语法导航、词典库、写作素材、体裁知识库、交流论坛、电子学档、作品展示等几部分。

写作网络教学平台的核心在于体裁知识库，它在系统中发挥着教材的功能。其建设要考虑到语篇体裁的多样性问题，形成方便的分类方式，在建设过程中可以采取比较变通的方式，首先根据专业领域进行分类，再对每一个领域的体裁进行常用和非常用的划分，如可以将其大致划分为通用写作、学术写作、应用写作、外函写作、法律写作、财经写作、公关写作、管理写作，也可以根据本校的实际教学情况进行增删。通用写作主要指的是描写文、议论文、记叙文、说明文这四种基本体裁的相关知识，能够让学生拥有基本的写作能力；学术写作使学生在专业学习中所涉及的写作体裁，如读书报告、项目报告、实验报告、毕业论文等。应用写作是学生生活和求职、工作中所能涉及的写作，如便条、新建、求职申请、求学申请、简历等。在体裁知识库建立过程中，教师要对各领域的写作体裁进行全面深入的调查与了解。例如，公关写作包括公关致辞、演讲稿、会议纪要、调查问卷设计、调查报告、备忘录、评估报告等。

范文习作语库一般包含两部分，经典范文习作语库和学生习作语库。前者一般由教师在相关书籍和网站上搜集到的优秀示范性文章组成，学生能够通过对这些文章的阅读和分析获得相关的写作体裁知识；后者则是一个开放性的在建型资料库，由学生的优秀作品组成。这两个语库不但可以成为教师研究写作教学的资料，也能为学生提供写作思路和表达思路的指导。

词典库和语法导航能够帮助学生在实际写作过程中获得更多的词汇，使用恰当的语法。交流论坛则是学生之间和师生之间进行写作交流的渠道与平台，它能够与作品展示部分结合，让学生赏析优秀作品的同时进行写作学习的交流与讨论。电子学档则是学生在平台上学习的记录，在学期开始阶段，学生要根据教师的教学计划通过电子学档制订相应的个人计划。在整个学期中，学生的学习过程和成果，如文章分析、作文、反馈、反思与总结等都将记录在电子学档中。学生在学习过程和期末复习过程中能够通过电子学档来进行反思和提升，教师也能参考电子学档来准确评估学生的学习水平。电子学档只针对学生本人和教师开放，在学期末期，为了便于学生总结和提升，也可以在本人许可下向所有学生开放。写作素材部分的建立就需要教师定期从各类报纸、杂志和网站中摘取一些报道和文章来充实，这一部分的建立要重视材料的时事性、话题性和趣味性，让学生在阅读过程中积累写作素材。除此之外，网络写作教学平台还要连接校园资源数据库和其他写作网站，便于学生获取写作资源。

（2）教学流程

教学体裁和内容由本专业的写作教师结合专业特色和学生学习需求来确定。学生在学习写作的基础阶段主要学习通用写作和应用写作相关知识，在有了一定的写作基础之后，再进行专业写作体裁的学习。在学期开始时，教师应当将明确的教学计划告知学生，并让学生通过网络平台自行学习感兴趣但是不在教学计划内的体裁的相关知识。课上，学生要通过校内局域网使用网络写作教学平台，保证教学不受网速限制；课下，学生可以通过身份认证登录平台，进行写作学习。每一体裁的教学流程可安排如下：

①教师通过公共电子信箱通知学生阅读体裁知识库及经典范文语料库中某一体裁的知识及范文。

②教师通过范文分析这一体裁的交际目的、社会语境、语篇结构及语言特征。学生以小组方式分析其他范文。

③学生收集这一体裁的文章进行分析，提交到电子学习档案。教师通过公共电子信箱布置作业。

④学生以小组或结对的方式互评作文，教师给予指导，作文及反馈记录于电子学习档案。

⑤学生修改作文后提交到电子学档，教师评改后，再修改提交。教师将优秀作文放入展示区，学生作文收录于学生习作语料库。

⑥教师调出有代表性的学生作文进行评析，和学生共同分析总结这一体裁的特征。

（3）该教学模式的优势

在这种教学模式下，写作教学的内容构建是根据体裁理论来进行的，在教学过程的控制和流程方面则兼顾了体裁理论和建构主义理论。多媒体和网络技术让这些学习理论能够顺利实施。从这一角度分析，这种教学模式的主要优势在于以下几点：

①资源共享，将学校各个学科的资源优势进行充分利用。专业内的写作教学以通用、应用、学术写作和本专业相关写作体裁为核心。在学习过程中，学生还能根据自己的学习兴趣和学习需求自主选择其他学习体裁进行拓展学习。由此可见，网络写作教学平台满足了教师和学生在教学上的自主性。

②课堂教学通过多媒体和网络技术得到时间和空间上的延伸。这样，在课堂时间里，教师就能集中于指导学生对某一体裁进行详细分析，结合具体作品让学生通过分析来掌握体裁的社会语境、体裁结构、交际目的、语篇和语言特征等知识。学生也能通过练习互评的形式进行学习交流。课下，学生能够通过电子学档和交流论坛的功能实现与同学和教师间的沟通交流，达到巩固知识、提高学习效果的目的，实现了课堂教学向课外的延伸。

③网络的开放性对于写作教学而言十分有益。通常情况下，纸质教材的更新速度较慢，而通过网络平台，教师就能根据学生的学习情况来实时调整教学内容。

教师和学生也能通过网络渠道接触到更多的典型文章，充实范文语库。语库的建立不仅利于学生在写作过程中学习相关知识，还为教师的教学与研究提供了真实有效的资料。网络教学平台与校园数据库和写作网站的连接则能让学生获取更加丰富的知识。

④通过多媒体和网络技术的应用，过程写作的优势能够最大限度地发挥出来。借助相关学习软件，学生能够便捷地修改和编辑文章。范文习作库的存在不仅能让学生从真实的优秀文章中获取写作灵感和思路，还能帮助学生获得更加适合的语言表达方式。学生互评和作品展示能够激励学生进行学习。展示可能获得的正面评价会暗示学生积极学习，发挥其主动性。优秀作品的完成也会让学生获得强烈的成就感。电子学档的记录功能便于学生进行学习回顾和总结，让学生了解自己的学习进度，也方便教师进行学习评价。

（二）写作批改系统和平台的发展

1. 自动作文评价系统的发展

对于英语教师而言，作文评阅是最费时费力的工作，教师在教学中不愿意给学生布置较多的英语写作任务，但是学生英文写作水平的提高需要大量的写作练习。此外，作文评阅往往会带有评阅者的主观倾向，也就是说在这个过程中，评阅者给出的分数是根据自己的主观判断得出的。同时，在进行大量的评阅工作的过程中，评阅者的个人因素更容易对作文质量的评价产生影响，从而左右了学生作品的最后成绩。随着信息技术的不断发展，自然语言处理技术也得到了提升，教师能够利用自动评分系统进行学生作品评阅，在一定程度上消除了主观性对学生作品成绩的影响。

自动作文评价系统在20世纪60年代就已经在国外开始研发。

国外研发的比较科学的作文自动评分系统有三个，分别是：PEG（Project Essay Grade）、IEA（Intelligent Essay Assessor）和E-rater。PEG是其中发展时间最长的评分软件，它的评分系统建立在浅层语法特征上，主要是对作文的形式进行分析，只能判断作文的语言质量，对于作文的内容和整体结构缺少分析。IEA则更侧重于对作文内容的评价分析，能够给出较为合理的内容分析评价，但是在语言质量和篇章结构方面则无法顾及。在某次使用GMAT作文为对象的评分试验中，IEA 所给出的评分与人工阅卷的评分一致性非常高，基本在 85% 到 91% 之间。但是对一篇作文的评价要从语言、内容和结构三方面进行分析，缺少任何一个方面都会使得最后的评价不够科学。因此以上两种评分系统也受到了很多质疑。E-rater 的开发者是 ETS（Educational Testing Service），自 1999 年起就被应用在 GMAT 作文评分中。它使用整体评分的方法，而不是传统自动评分软件那种通过对作文的某一个质量因素进行分析的方式。在这套系统中，统计方法和自然语言处理方式得到了有机结合，因此其评价更加符合人工评价的评分标准。实验表明，E-rater 的对于 GMAT 作文的评分与人工评分的一致性达到了惊人的 97%。与 PEG 和 IEA 两种系统相比，E-rater 更注重对于作文的综合性评价，因此更加符合写作测试要求。虽然这些评分系统仍旧存在很多需要解决的问题，但是它们的运行模式依旧为我国自动评分系统的研发提供了有效借鉴。

我国在基于计算机技术的自动作文评价系统研发方面起步比较晚，我国这一领域的先驱者是梁茂成。他所研发的"大规模考试英语作文自动评分系统"获得了很多相关学者的赞誉，并申请了国家专利。在研究过程中，他使用了 220 篇已经有了科学评分的作文为样本，选取 120 篇作为基础得出了评分模型，然后通过剩余的 100 篇进行了交叉验证，确保模型科学有效。梁茂成的这种建模方式吸取了 PEG 和 IEA 系统的优势，在评分准确率上有了很大的提升，得出的评分与人工评分的一致性也比较高。但是由于作文样本数量较小，范围也比较狭窄，并且提取的特征也是文本的浅层特征，没有关注文章的语法、篇章结构、语句搭配等内容，因此尚需进一步验证和改进。目前我国的一些企业也开发出了能够用于高校英语作文自动评价的计算机系统软件，如"冰果英语智能作文评阅系统""计算机自动评阅系统"等。

2. 基于语料库和云技术的智能写作平台

语料库是包含了大量在真实环境中形成的语言信息的巨型资料库，它便于通过计算机检索，为人们进行研究提供了资料支持。语料库语言学是一种新发展起来的语言研究方法，也是在数据和理论结合的基础上发展起来的新型语言哲学科学。

计算机云技术指的是在云计算商业模式上发展并得到应用的网络和信息技术、整合技术、平台管理技术、应用技术等相关技术的总称。利用计算机云技术能够形成资源池，方便研究者和教学人员按需使用。云计算是一种新型商业计算模式，它是基于分布式计算、网格计算和并行处理等概念与技术发展而成的。我国相关领域的专家刘鹏给出了如下定义："云计算将计算任务分布在大量计算机构成的资源池上，使各种应用系统能够根据需要获取计算力、存储空间和各种软件服务。"①

狭义上，云计算是指云服务供应商利用分布式计算和虚拟化技术建立数据中心或者超级计算器，并通过免费或租用的方式向技术开发人员或者企业型客户提供云存储、云分析和云计算等相关服务；广义上，云计算指的是云服务供应商建立网络服务器集群，然后为不同类型的客户提供硬件组接、在线软件服务、数据存储和计算分析等不同类型的云服务。

批改网（www.pigai.org）就是一个建立在语料库语言学和计算机云技术基础上的线上作文评阅系统。目前，在我国作文评阅系统市场上，批改网的市场份额很大，这也体现了作文评阅系统的发展特征。

（1）系统和功能

①强大的作业收发系统

批改网支持多种形式的作文收发，如按照作文号、教师个人网站等；

支持教师在线布置多种形式的写作作业，如作文、论文、翻译、默写、润色、书信、朗读等；

支持一键重新布置相同题目，支持一键复制作文要求，支持布置看图作文，并在线直接显示图片；

支持教师自主创建班级，并可对班级进行修改、删除、导出等管理；

支持在作业提交时自动接入班级管理功能；

在学生写作过程中，能够定时自动保存文章，避免浏览器等发生故障而导致文章丢失；

支持在作文提交时附带所需的备注和附件。

②智能化的作文批改系统

批改网的批改功能能够对多种类型的作业进行自动智能化批改，如作文、论文翻译等，并且可以根据教师和学生的需要设置反馈和分析的次数，学生在每次

---

① 马玉山. 智能制造工程理论与实践[M]. 北京：机械工业出版社，2021.

提交作文之后，相应的分数、评价和点评等都能即时显示，并且能够多次进行修改，反复提交。

对作业进行打分的公式也能根据教学需要自行设置，教师可以在作业设置时自由选择和编辑打分公式，在批改网的批改系统中设置了很多种打分公式，如应用文（书信）、英语四级和六级、托福、雅思等不同的写作体系。

批改网批改系统支持自动评分。评分的分析维度也十分全面，能对作文的词汇使用、句式、结构、内容等进行科学分析和评价；

支持教师修改作文评价系统中不同维度的权重；

支持篇章、结构、用语、内容等192个机器打分评价指标，其中包括段落、段词、形符、残句、病句、句式类型、标点等，给出相应的参考，并能自动生成科学的针对192个指标的个性化评语；

支持实时的按句点评，能够自动识别拼写、语法等出现的错误，并提供高分短句、搭配和易混淆词汇等相关分析，并识别出其中的中式英语语句，给予学生反馈；

支持根据英美语料库来自动识别中式英语，并给出相应的提示；

系统的评价速度十分快，词数在一千以内的文章一般能在5秒之内完成评价，并给出最后的分数、评语和点评；

支持学生多次存储和提交作文，并保存学生每次提交的作文版本，记录学生的修改痕迹、提交时间和分数，并能提供两个相邻版本的清晰修改对比；

支持生成作文体检报告，自动显示作文的各项内容的评价与测量值；

支持自动检测抄袭，能够生成相似度指标并表明抄袭句子，也可以设置相似提醒，对于超过一定相似值的文章进行标记并提示教师进行处理，还可以提供抄袭鉴别证明；

支持跑题检测，通过对班级的文章内容的分析来获得作文主题，然后分析作文与主题的相关性，并立即提示教师；

支持异常作文检测功能，能够将学生的消极写作内容、一逗到底的作文以及乱写情况进行检测并提示。

③写作训练系统较完备

支持题库训练功能，针对高职院校提供高职高专英语写作题库，包括商务英语、旅游英语、应用英语、英语教育、PRETCO A 级、PRETCO B 级等多种类型的题目，同时还支持四级、六级、托福、专四、专八、雅思、考研等的训练题库；

支持教师自主设置写作作业，学生进行自主练习；

支持英汉、汉英查询功能，能够查询相关词汇、搭配，提供双语例句；

支持使用问题的在线实时答疑，系统和服务方能够随时为师生解答使用问题，如技术和功能等。

④教学支持系统提供多重服务

系统也支持教师进行人工批改，不限制次数，系统自动批改的次数也没有限制，并且教师还可以将人工批改与自动批改随意组合。

教师能够修改学生的分数和评语，并对文中的句子和知识点等进行人工点评，点评的方式方法也比较多元化，教师可以通过个性化的点评来辅导学生学习，并为学生提供不同分数档次的评语模版。

系统支持语音点评，教师可以在线录制对学生作文的评价，学生也能在线接收和查看；

支持学生间互评作品，教师可以发布互评任务，这样学生就能获取批改指定文章的权利；

支持教师发布作文重写要求，对于作文质量不过关的学生，教师可以在线设置重写要求，学生能够及时收到相关提示；

支持学生在系统中留言，与教师在线互动，同时相应的论坛功能也能让师生之间在线上互动；

支持教师在系统中建设自己的网站，教师不仅能给自己的网站设置个性化的域名，在个人网站上看到作业发布情况，作文推荐和需要传递给学生的文档。还能看到最近访问个人网站的用户以及相关的统计数据；

支持学期总评，教师可以将任意时间段学生的作业提交和评价情况进行整理和总结，并在系统的辅助下计算学生的平均分；

支持学生作文相关数据和批改情况的导出或打印；

教师发布作业后，当到达截止时间时，系统能够自动统计相关的作业提交情况并通过邮件发送给教师；

系统中自带语料库，教师和学生能够通过语料库来查询所需的词语、短句等相关知识，有效进行写作练习或者教学科研工作；

语料库能够实时更新，师生能够任意比较两个语料库的数据并进行分析。

⑤教学数据分析系统覆盖面广

教学数据分析系统能存储学生作文的所有历史版本，便于教师查看学生的写作轨迹；

支持教师查看和统计学生的用词情况；

支持教师通过系统分析作文中的错误，教师能够利用系统的功能查看本主题下学生所犯错误的汇总，如拼写错误、用词错误等，并在分析这些错误时追溯到原文；

支持薄弱点分析，如个性薄弱点和共性薄弱点都能在系统中显示，根据这些分析教师就能对学生的作文的不同维度进行横向对比，找到学生学习的薄弱点；

支持教师对学生的作文中的词汇分布进行批量分析，教师能够检索学生使用某个词汇的情况；

支持教师对学生的作文的搭配进行批量分布分析，教师能够检索学生的作文中不同的搭配和语段的使用情况；

支持学生间的对比和某个学生与整体水平之间的对比，对比的内容包括用词、句式、篇章结构等，并形成分析图表；

支持不同作文题目下两批学生的作文的维度的评价对比，并形成对比图表以供教师使用；

支持本校学生作文数据与其他学校数据的对比和分析，并提供相应的数据查询和对比分析报告；

支持作文数据和语料库资源之间的对比和共享，能够实现不同学校、不同地区、不同国家的数据对比和共享。

⑥后台管理系统支撑性强

后台管理系统能够支持教师进行学生管理，提供学生的使用情况和使用趋势数据分析；

支持校方对教师进行管理、提供教师的使用情况和使用趋势分析；

支持校方管理教研室，并对其使用情况的相关数据进行分析；

支持对学校师生各个时期的教学和学习趋势进行分析，并生成相应报表以供查询；

支持教师周报表等管理数据分析和形成。

（2）批改原理

批改网具有智能导师系统的功能与特点。所谓的智能导师系统就是指具备某一学科领域内相关知识以及教学知识和能力，能够对学生进行个性化教学的教学软件系统，它可以根据学生对学科知识的理解和掌握程度来选择合适的教学策略与方法，模拟人类教学者进行教学活动。智能导师系统一般包括三个基础构成部分：领域知识模块，也叫作专家模块，它是由系统认为学生应当学习的知识组成的，代表的是专家的智能特点；学生模型，它是根据学生对知识掌握的程度和学生的认知特点构成的，代表的是学生的智能特点；教师模型，也叫作教学策略模块，它是结合了专家智能和学生智能后所形成的具有针对性的教学策略，代表的是教师的智能特点。此外，智能导师系统中还包括人机接口模块，即智能导师系统的用户界面，它是自然语言和计算机语言进行交互的模块。

批改网的批改分析功能是建立在将学生作文作为一个学习者语料的基础上的，它将每篇作文从192个子维度进行分解，然后与标准语料库进行对比分析，将对比结果转换成学生的成绩、评价和反馈。整个测评过程就是对人工评价的模拟，然后给出整体的反馈和分句点评，分析每个句子所存在的问题。此外，这个系统也支持教师在线进行批改，或者在系统批改的基础上进行进一步的批改和评价。与智能导师系统进行对比，标准语料库就相当于专家模块，学生的作文就相当于学生模型，不同种类的评价就相当于教师模型，系统中的192个维度就相当于诊断规则。在学生提交了作文之后，系统会根据192个维度的评价规则来对比学生的作文与专家模块，也就是标准语料库精心对比分析，并得出相应的作文分数和评价语，帮助学生分析每个语句存在的问题。同时这个系统还能将能够反映学生英语写作水平的数据指标提出并呈现出来。

目前，批改网上存在十多类语料库，其中有33亿个语段库，并且语料库每天都会更新，满足教师和学生的教学需求。学生能够使用其中的"完善作文"功能，按照系统给出的分析和批改提示对文章进行修改，然后再提交至系统，系统再次进行分析，给出详细的修改建议。如此，系统就能扮演写作教师的角色，指导学生不断完善自己的作文。由此可见，批改网的系统是一个典型的智能导师系统。批改网在批改作文时对文章的结构、词汇句子等维度进行了分析，每一个维度之下又会有很多个子维度，如词长、类型比、句长等，通过分析这些属性以及与标准语料库的对比得出相应的分数、评语和修改意见。

3. 智能写作平台的教学模式探索

英语教学中存在的问题有：学生课前预习效率低，很多学生无法完成自主学习部分；学生课堂参与度不足，师生互动比较困难；学生写作水平参差不齐，缺乏写作动机和兴趣，部分学生对写作持应付态度；作文批改量大，教师不愿经常布置写作作业；对学生写作评改不及时，给学生的教学反馈有限；等等。为此，探索基于智能写作平台的教学模式来尝试解决这些问题。现举例如下：

（1）课前自主驱动

以"商务邀请函"写作教学为例：

课前，教师录制相关微课，上传至课程网络平台，并在相应班级的 QQ 群里发布包括观看微课在内的三个课前任务；学生课前接收任务后，登入课程网站，观看教师上传的微课，归纳知识点并记录，并在掌握所学知识之后尝试进行英文商务邀请函的写作练习，上传至批改网。批改网进行在线批改和反馈，学生在学习过程中也能通过系统咨询教师和同学，完成相应的学习任务。对于学生在写作中使用手机有道词典，教师传授甄别策略，要求学生不能简单采用"拿来主义"。对于手机有道词典提供的翻译，在采纳前，应从语法、例句等多方面进行甄别、确认。

（2）课中任务引导

教师事先设计好课堂活动，开展教学活动。根据学习者特征，教师可确定如下教学目标：

①知识目标，学生要掌握英语商务邀请函所应具备的结构、写作的重点内容和常用词语，这是本节课的重点内容；

②技能目标，学生要掌握词汇和巨型的运用方法，能够完整、准确地进行商务邀请函的撰写，这是本节课的学习难点；

③素质目标，学生要进行团队协作练习，培养自己利用信息化技术和系统进行自主学习的能力。

教学活动流程的主要环节如下：

第一，词汇热身，约 10 分钟，在教师介绍完本堂课的重点教学内容之后，可以利用电子小游戏来帮助学生掌握相关词汇。

第二，语篇建构，约 15 分钟，学生通过手机上的批改网 APP 完成病句的诊断和思维导图任务。

第三，语言强化，约 20 分钟，学生的主要任务有两个，一是词句扩展，二是相互纠错，教师详细记录本阶段学生的表现，为之后的学生考核评价提供依据。

第四，写作训练，约 35 分钟，此阶段学生的任务主要有三个，一是根据本堂所学知识来检查课前撰写的商务邀请函初稿，二是进行岗位分析，三是结合批改网给出的分数、评价以及教师所提出的问题修改自己的英文商务邀请函，并再次上传至网站，获取新的评价和意见。

第五，评价环节，约 10 分钟，学生的商务邀请函写作评价可以从三个方面进行综合性分析，作文得分中，批改网的评价分数占 30%，学生互评成绩占 30%，教师的评价占 40%。这种评价方法是借用批改网的系统对学生发布动态写作任务，引导学生逐渐理解和掌握商务邀请函的写作重点。

在教学过程中，教师要将自身的引导与批改网系统的评价和建议结合，帮助学生逐步完成学习任务，体验通过系统进行学习的快乐，获得知识的成就感，提高学生对英语写作学习的兴趣，提升学习效果。

（3）课后强化巩固

在此阶段，学生要通过自主学习、写作实践等方式，跟随教师的引导突破学习难点，课后教师要布置相应的学习任务，并通过情境设置让学生在自己的商务邀请函的基础上进行 role play 创作，并制成视频，上传至 QQ 群或平台进行分享。

4. 智能写作平台的不足和教师的作用

根据研究，使用批改网进行写作练习能帮助学生提高英文写作能力，但是不同水平的学生所能获得的提升也是不同的：水平较低的学生更容易在词汇和语法等语言的表层结构上获得提升，但是在句法方面的提升则不明显；高水平的学生能够完善自己的词汇，但是在语句的流利程度和复杂程度上则几乎没有效果。

以批改网为代表的智能写作平台的不足及改进方向如下：

（1）自动评分系统在分析学生的作文并形成评价的过程中，往往更关注语法、篇章结构等方面，但是对于文章的趣味性、文章与主题是否契合等需要主观判断的问题则很难进行真实的反馈。因此教师在使用系统时，也要通过自己的主观评价来弥补系统在这方面的不足，形成更加细致、深刻的写作评价，培养学生对语言知识的掌握，提升学生作文的思想深度和写作能力。对此，平台可以尝试开发"同伴反馈"的功能，让学生培养读者意识，提高学习自主性和自我评估的意识和能力，让学生逐渐形成批判性思维，提高作文分析能力。

（2）自动评分系统的反馈存在一定错误。自动评分系统在判断过程中容易出现失误，例如：错把正确表达判断为错误，或者给出警示；对作文中的某些错误没有识别出来。智能写作平台可通过加强语料库建设、技术手段等，降低反馈的错误率。

首先，教师不能仅仅依靠自动评分系统而忽视了自身的引导责任。在日常英语教学中，教师既要强调学生对语言知识的掌握和英语思维的形成，又要重视学生英文写作中的错误，如中式英语等。同时教师要将自动评分系统当作教学的辅助，让学生在智能平台的帮助下进行英语学习，从模仿到自己尝试构思、组织语言；从写作的整体思路的角度来培养学生正确的英文写作思维与习惯，使其掌握文章段落、句子之间衔接的方式与方法。

其次，学生要重视教师给出的反馈与修改意见。智能写作平台所给出的评价有及时和有效的优势，但是建立在语料库和一定的逻辑上的评价系统依旧难以给出精准的评价与反馈。因此教师的反馈就是非常宝贵的，是英语写作教学中必不可少的因素。对此，教师要针对学生作文与题目是否相符、篇章布局的结构是否合乎逻辑、措辞是否恰当、表达是否流畅、是否有一定的思想性等进行详细的分析，并给出反馈。在实际教学过程中，教师要尽量在每个环节都为学生提供有针对性的反馈。

最后，在英语写作教学中，教师要重视学生在句式方面的掌握程度。很多大学生在英语写作过程中的句式不够丰富，造成作文质量较低。这一点也是智能写作平台不能满足学生学习需求的一个体现。仅仅依靠智能写作平台，学生很难在句式多样性方面得到提升。因此教师在日常英语教学中也要加强对学生英语句式的掌握和应用的训练，让学生强化对不同句式的理解与应用，鼓励学生在写作过程中切换不同的句式进行表达，提高学生英语作文的句法的复杂性。

第七节 大学英语翻译教学创新

翻译教学主要是为了培养高素质的翻译人才。然而，在当前背景下，传统的大学英语翻译教学已然不适应当前社会的要求，而将互联网技术引入大学英语翻译教学中是正确的选择。本节就来探讨"互联网+"背景下大学英语翻译教学。

一、大学英语翻译教学概述

（一）大学英语翻译教学的内容

一般来说，大学英语翻译教学的内容主要涉及以下三个方面：

（1）翻译基础理论。翻译工具书的类别与运用方法、翻译的过程、翻译的标准、翻译对译者素质的要求、翻译理论、翻译历史等翻译理论知识是大学英语翻译教学的重要内容，有利于学生建立翻译的基本框架，树立对翻译的基本认识。

（2）英汉语言对比。教师应从语义、词法、句法、文体、篇章以及思维、文化等层面为学生讲解英汉语言的区别。这部分内容可以较为完整地揭示两种语言的异同，对于保障翻译质量大有裨益。

（3）常用的翻译技巧。一名合格的译员不仅应具备一定的翻译知识，还应掌握一定的翻译技巧，这对于提升翻译效率具有重要意义。因此，音译法、意译法、直译法、正译法、反译法、增译法、省译法等翻译技巧应成为大学英语翻译教学的重要组成部分。此外，在适当的时候，教师还可为学生补充词性的改变、句子语用功能的再现等内容。

（二）大学英语翻译教学的原则

为了有计划、有目的、有层次地进行大学英语翻译教学，教师应该在教学目标的基础上遵循一定的教学原则。只有在教学原则的指导下，才能实现翻译教学的有效性。

1. 实践性原则

翻译教学应遵循实践性原则。教师可以在条件允许的情况下，尽可能多地给学生提供翻译实践的机会，如到翻译公司进行真实情境的翻译实践，使学生切实体验实际的翻译过程，了解社会实际的需要。这不仅可以激发学生的学习动机，提高学生学习的积极性与自主性，还能为学生日后走向社会、适应社会提供知识储备，使学生更快地融入社会。

2. 精讲多练原则

大学阶段的翻译教学主要是技能教学，即教师传授技能与学生掌握技能。如果采用传统的教学模式，先灌输后练习，就让学生感觉翻译教学枯燥乏味，不利于教学目标的实现。因此，在翻译教学过程中，教师应注重将技能的讲解与学生的练习紧密地结合在一起，同时要以练习为基础加以总结。

在练习之前，教师首先可以介绍一些翻译技巧，再让学生做翻译练习。在练习结束之后，教师还应对学生的练习进行讲评。教师在讲评时不应只是直接将参考译文呈现给学生，也不能仅仅是针对某一练习材料的内容，而应通过对学生在翻译过程中出现的问题进行分析，引导他们思考、总结，培养举一反三的能力。此外，还可以通过对原文材料进行系统的分析，归纳练习中的知识点，总结问题，从而上升为理论。只有这样，学生才能真正掌握翻译技能。

学生翻译技能的提高是在实践中经过长期的积累不断实现的。学生只有进行大量练习，在练习过程中去感受、思考，积极寻找解决问题的方法，进而将自己思考的结果与已有的感性经验上升为理论。只有经过反复的实践、思考、总结，学生分析、解决问题的能力才能逐渐提高，翻译能力也会相应地提高。这就要求教师应注重对学生翻译的过程进行关注，帮助、启发、训练并鼓励学生在翻译的过程中解决遇到的各种问题。这对学生自主学习能力、创新能力的培养具有积极的促进作用，同时为今后的翻译实践奠定了基础。

3. 循序渐进原则

大学英语翻译教学也应遵循由浅入深、遵循渐进的原则。在教学实践中，教师在选择语篇练习时应由易到难：就篇章的内容而言，首先应选择学生最熟悉的内容；就题材而言，应从学生最了解的题材开始；就原文语言而言，应从最浅显的开始，逐步过渡到难度较高的语言。教学活动只有由浅入深、一步一个脚印，才能不断增强学生学习的信心，逐渐培养学生学习的兴趣，从而有利于学生综合能力的提高。

4. 培养翻译能力与翻译批评能力相结合原则

翻译教学除了要培养学生的翻译能力，还要培养学生的翻译批评能力。翻译批评能力指的是对其他人的译作进行客观评价的能力，既要评价译作的优点，也要指出其中的缺点，对错误之处进行修正。教师应不断引导学生对其他人的译作进行评价、批评，这样可以使学生学习他人的优点，并进行自我反思，在以后的翻译中避免出现他人犯过的错误，从而不断提高自己的翻译水平。

5. 翻译速度与质量相结合原则

大学英语翻译教学的目标是培养学生的翻译能力，这既要求学生掌握相关的翻译技巧，同时又要求学生提高翻译速度。在实际的翻译活动中，经常出现催稿的情况，如果学生的翻译速度太慢，就可能会影响翻译任务的完成。由此可见，提高学生的翻译速度也应是翻译教学中的一项重要内容。

在翻译教学实践中，教师在课堂教学中应要求学生限时完成翻译练习。除此之外，学生在做课后练习时，教师最好也要求学生在一个规定的时间中完成。长此以往，学生就会学会合理地安排时间，培养速度意识。

二、"互联网+"背景下大学英语信息化翻译教学

（一）信息化翻译教学的定义

杨柳是国内第一位明确提出"信息化翻译教学"概念的学者。信息化翻译教学是建立在现代化信息技术之上的教学形态，其含义在于将现代翻译教学与计算机信息技术结合，进行信息资源的开发和整合，优化教育教学内容，在教学中达到培养学生的信息素养的目的。随着信息社会的进一步发展，这样的新型教育模式在很多国家得到了实验和发展。信息化技术与教学的结合是个性化教育理念下的理想教学模式。

（二）信息化翻译教学的基本特征

1. 教学资源网络化

教学资源的网络化主要体现在以下几方面：第一，通过网络渠道进行在口译和笔译练习之前的相关背景知识检索、语用实例、词汇收集等工作；第二，教师引导学生利用翻译软件、翻译网站和电子词典等工具进行自主翻译，让教学内容

更加丰富，提高教学的趣味性和实效性；第三，学生要学会在翻译学习中使用网络渠道和电子词典等查询平行文本，锻炼自己的翻译能力。现代信息技术与翻译教学资源开发的结合促进了语料库技术的形成与发展。20世纪60年代，语料库语言学出现，成为一种方法论。随着计算机和互联网技术的不断发展，语料库中的语料搜集、存储、提取、加工和检索等相关技术也逐渐成熟。

目前我国翻译教学领域对于语料库的研究主要集中在双语平行语料库的翻译教学应用上。双语平行语料库对于翻译教学信息化而言作用巨大，它可以为词汇检索、句型和语篇等提供大量的双语对译样本，让学生和教师能够进行语言特征和翻译技巧的归纳，区分文本的类型，并进行模仿练习和译文评价。郭红将语料库的使用和翻译教学实践相结合，根据语料库的原理和相关技术设计出了一套能够用于课堂教学和学生自学的电子翻译课件。在这个课件中有大量形式各异的翻译练习，每一个原文语言单位有附带3到4种平行译文，便于学生通过典型文章或句型的翻译来进行学习。这份电子课件充实了翻译教学的信息量，让学生以更加积极的态度进行学生分析和实践，提高了学生的自主学习能力。

2. 信息化教学环境

在现代信息技术的支撑下，高校大多引入了信息化教学设备，建立了多媒体教师、校园局域网并接入互联网，形成了具有开放性、虚拟性和跨时空性的教学环境，能将丰富的教学资源以生动有趣的形式展现给学生，模拟真实的社会情境，让学生之间和师生之间的交流与互动延伸到课下，从而提高学生的学习自主性，强化学生的学习参与意识，激发学生在学习过程中的想象力与创造力，达到提高教学效果的目的。

为此，一些科技公司开发出口译/笔译基本功训练教学平台系统。这些平台同时具备资源管理、学生考核、系统管理和在线交流等功能。在此基础上建立的翻译网络辅助课程通常分为四个模块，分别是教学资源、技能自测、实践资源、互动交流。通过这四个模块，学生能够巩固课堂所学的翻译理论知识和技巧，进行相关练习和能力自测，并在系统的帮助下利用系统反馈和助译资源提高自己的翻译能力。这类平台的出现让学生拥有了能够自主进行翻译学习、与同学进行协作、与教师进行交互的信息化学习空间，也让教师有了详细掌握学生的学习过程的途径。信息化教学平台的构建满足了翻译教学在现代社会的新要求。信息技的发展让电子教育平台具备了实施教学的基础条件，促进了教学向课外的延伸，拓展了学生学习的空间。教学方式的变化也会带来师生角色的转变、学习方式的改进和考核手段的变化等。

3. 新型交互式师生关系

引入建构主义的教学理念，提倡教学中心由教师逐渐转移到学生身上，这是翻译教学发展的趋势之一。信息化翻译教学的发展让传统的师生角色定位面临了极大的挑战。以学生为主体，教师进行引导的新型师生关系是信息化翻译教学所具有的特色。

计算机技术和网络技术的应用改变了翻译教学中传统的师生关系。相较于面对面的师生交互而言，计算机和网络技术让师生间的交互更加丰富多彩。首先，信息的形式更加丰富，有文本、图形、声音、图像等，其次，时空更加灵活，同步交互和异步交互都有可能。再次，范围能够灵活变化，点对点、点对多、多对多的交互随时可以进行，之后是对称性的可选择性，教师主导或者学生主导都可以实现，最后，信息可以保存，可以进行反复阅读或者获取。基于此，利用信息技术，教师可以为学生提供更多更丰富的翻译素材，并指导学生进行翻译学习和训练，组织学生进行翻译合作和互评。而学生则能利用信息技术进行自主学习和信息获取，与教师实时沟通，与其他学生交流心得与问题。信息化翻译教学让师生和生生间的互动更加多元，改变了师生之间的关系。教师不再是教学的权威，而是设计教学过程、帮助学生完成教学任务、诊断教学过程的主导者；学生也不再被动接受相关知识，而是主动进行探索、建构自己的知识体系、与他人协作进行学习、评价教师的教学过程与行为，从而提升自己的综合素质。

4. 自主协作学习模式

所谓的协作学习，就是通过共同完成学习任务来促进学习者学习效率的提升。信息技术的支撑下，学生进行协作学习有了更加丰富的信息互动渠道和交流媒介。信息化翻译教学建立在信息资源库和虚拟的教学环境之下，具备自由度高、交互性强、多元开放等特征，学生通过信息化翻译学习能够获得较强的学习自主性。在具体教学过程中，很多高校教师通过信息技术的应用来设计教学资源、发布学习任务、建设教学环境，同时在整个过程中强调学生自主学习能力的培养与提高。翻译学习软件能在学生自主练习的过程中形成较为合理的反馈，引导学生在课下进行学习和知识拓展，便于学生相互交流和评价，提高学生的学习自主性；翻译学习软件是教师利用网络辅助翻译教学的主要平台，也是学生独立进行资源获取、理论学习和实践拓展等学习和提升行为的重要保障。

自主学习和协作学习已经成了现代社会人们学习的主要方式，信息化翻译教学的研究与发展不仅创新了翻译教学的方式与方法，也促进了信息技术与教学的融合。不过，自主学习和协作学习能力的养成是一个漫长的过程，需要进行细致的研究与探索。

5. 信息素养成为培养目标之一

信息素养指的是人的信息知识、信息利用意识、信息能力和信息伦理道德等的综合，其中，信息能力是核心。信息素养的养成实际上就是培养人在信息技术环境的创造能力。对于信息化翻译教学而言，信息素养就是人通过对现代信息技术的各种功能的使用来对翻译信息进行获取、分析、筛选、加工和利用等处理，从而提高自己的翻译能力，解决相应的实际问题。这就是传统教学模式与信息素养培养目标下的翻译教学的区别所在。

（三）信息化翻译教学的翻译意识

很长一段时期里，我国的基础外语教学是以阅读能力和语言知识获取为核心展开的，翻译并不是其中的重点。教育者要么把翻译当作一种高深而专业的知识，因此不在基础外语教学中涉及，要么将翻译简单地理解为一个双语转换的过程，认为只要掌握了单词和语法就能掌握翻译能力。这样的误区长期根植在我国教育者和学习者的意识里，使得我国基础外语教学中翻译教学所占比重十分小，基础外语教学的功能严重缺失。在基础外语教学中，听、说、读、写是最为重要的学习任务，而翻译则被人们默认为在掌握了听说读写之后就能具备的能力。基础外语教学中有很多有关词汇、语法的知识讲解和练习，但却缺少翻译相关的技能技巧讲解和练习。翻译并不是考试中的重点内容，因此教师也不会将实践花费在翻译教学上。种种原因导致了基础外语教学中缺少翻译教学。在基础教学实践中也不是没有翻译的环节，但是翻译很大程度上成了一种教学手段，一种能帮助学生学习和掌握语法、词汇的语言教学手段。翻译本身并不是教学的目的。此外这些极少量的翻译训练也是围绕课本内容来设置的，并且有极强的针对性，其目的是帮助学生掌握和巩固某个知识点。在这样的训练过程中，两种不同语言的特征和所蕴藏的文化完全被忽视了。

因此在英语教学中，教师要将语言的特征与规律引入翻译训练当中，在练习过程中培养学生的翻译意识，让学生能够在翻译意识的指导下学会如何自然地进行语言翻译。

1. 以明确翻译的实质为根本

英语教育过程中，翻译意识的培养首先要重视对翻译的实质性的正确解读。翻译是不同语言的民族之间进行思想交流和沟通的桥梁。掌握不同语言知识的人通过翻译来将原文用另一种语言进行表达，从而实现不同语言之间的沟通和思想交流。翻译的实质就是进行两种语言文字之间的转换的一种创造性语言活动。我国著名翻译家严复认为翻译要做到信、达、雅，[①]苏格兰的史学家泰特勒也在自己的著作《论翻译的原则》强调了翻译的三个原则：翻译应当将原作的思想完整地表达出来，翻译的风格与笔调要与原作一致，译文应当做到流畅自然。[②]翻译就是将原文的信息用另一种语言表达出来，让读者能够准确感知原作所表达出的思想感情，获得与阅读原文相同的感受。因此教师在翻译教学中要让学生对翻译的实质有正确的认知，理解翻译不仅是语言转换的过程，也是思想和内容传达的过程。

在目前我国的英语教学当中，教育者与学习者都普遍倾向于将英文单词与母语中的某个词汇或概念相对应，让中英文词汇能够一一对应，长此以往，学生就形成了一种僵化的思维和固定的语言学习习惯。因此，在基础英语教学过程中，教师要帮助学生培养正确的翻译意识，并让这种意识指导学生进行英语词语语义辨析和理解。学生要明白翻译的最终目的是实现思想的交流，如果仅仅是通过按照单词的意义在译文中进行排列组合是很难将原文的思想正确、完整地表达出来的，更别提将其生动、形象地展现出来了。

2. 以鉴别英汉两种语言差别为切入点

在翻译意识的培养方面，教师要通过培养学生对英汉两种语言的洞察、判断和鉴赏等思维为切入点。英语和汉语分属不同的语系，这两种语言在词汇利用、词义的稳定性、句子的主干和信息的重心等方面有很大区别。基础英语教学过程

[①] 杨莉. 跨文化交际翻译教程 [M]. 北京：中国纺织出版社，2019.
[②] 张伟平. 图解翻译学 [M]. 世界图书出版公司北京公司，2010.

中，教师要在日常教学中渗透这些差异，让学生对英汉两种语言的语言习惯和特征有深刻的了解和把握，在此基础上掌握英汉互译的规律。

英汉翻译是一种特殊的语言能力。它是使用一种语言来对另一种语言所表达的内容和意义重新表达出来的能力，要建立在掌握了两种语言能力的基础之上。翻译能力的培养要从基础外语教育阶段做起，打好基础，培养学生的汉语修养和对两种语言之间差别的感知和理解能力、判断能力和语言鉴赏能力、洞察能力等，跨文化交际能力也是十分重要的。这些能力都对学生的英汉翻译能力产生了直接影响。在基础英语教育阶段，教师也要重视引导学生学习和尝试英汉两种语言的转化，帮助学生感悟语言的差别，积累经验，建构语言翻译知识体系。

3. 以注重英汉两种文化之间的沟通为主体

翻译是一种文化沟通的工作，因此在英语学习过程中，学生的注意力不能只放在语言上，还要注意感受英语语言背后的民族观念和英汉语言文化差异，要对语言背后的文化、传统和世界观等进行深入的理解和掌握。

语言中蕴含着文化，因此中西文化的差异必然会导致翻译过程中理解障碍的出现，人们对同一事物和概念会产生不同的理解与解释，并反映在翻译当中。美国翻译理论家尤金·A·奈达（Eugene A.Nida）认为"语言在文化中的作用以及文化对词义、习语含义的影响如此带有普遍性，以至于在不考虑语言文化背景的情况下，任何文本都无法恰当地加以理解。"[①]汉语和英语代表着两种不同的文化与精神传统，文化的不同必然也会渗透在语言表达习惯当中，形成不同的语言表达形式。翻译不仅仅是两种语言的切换，更是两种文化的相互转换，这其中既包括意识形态、道德体系，也包括社会政治结构。因此，作为翻译者必须具备两种不同文化的视野。

例如，中国古代的谚语"巧妇难为无米之炊。"在翻译大师杨宪益所译的《红楼梦》中和英国汉学家大卫·霍克的译本中就有着不同的表现形式。杨的译本中用的是"Even the cleverest house wife can't cook a meal without rice."而霍克的译文则是"Even the cleverest house wife can't make bread without flour."这两种不同的译文充分体现了英汉两种文化的不同特征，反映出不同的文化特点。但是对于仍处于基础学

[①] 朱凯. 外语翻译理论与实践系列教材 西汉翻译理论与实践[M]. 北京：对外经济贸易大学出版社，2013.

习阶段的英语学生而言，他们能够理解同在汉语文化下生长的杨宪益先生的译文中所传达的中国文化，但是对霍克的译文却只能停留在字面意思的理解上，因为对英语文化不够了解而感到有些费解。可见，让学生学会理解字面意义下隐藏的深意，了解不同的文化知识并在翻译过程中进行合理的应用是十分有必要的。

对于英语教学而言，翻译意识渗透应当贯穿于整个过程当中。通过翻译学习，学生能够对英语的语言习惯和结构形式等有更深刻的理解，从而主动探索用英语来表达母语的方法，发现英语和母语之间的差异。翻译练习也是学生打好英语学习基础的方式。

三、"互联网+"背景下大学英语信息化翻译教学模式和设计

（一）计算机辅助翻译定义

计算机辅助翻译，广义上来说，既包括译者利用各种计算机辅助工具（如 SDL Trados、Dejavu、雅信 CAT 等）以提高翻译产量和翻译效率（即通常意义的 Computer-assisted Translation 或 Computer-aided Translation 或 Machine-aided Translation，以下统称 CAT），也包括译者利用文献管理、网络搜索、数据库等工具搜寻信息进行翻译（即 Computer-aided Instrument for Translation，简称 CAIT）。计算机辅助翻译相比传统的完全依赖译者个体的翻译具有无可比拟的优势，它不仅可以比较显著地提高译文的质量和翻译的工作效率、降低成本，而且能更好地确保译文的一致性，尤其是多人共同合作完成某一大型翻译项目时的译文一致性。计算机技术的发展日新月异，在历经个人计算时代和网络时代后，人类社会又迎来了云计算时代。在语言服务行业，随着翻译信息化程度的日益加深，云计算技术迅速应用于现代翻译技术，从而形成了一个新的概念——云翻译（Cloud Translation）。云翻译可以理解为一种基于云计算技术，通过云端的方式，将语言要素（数据、需求、技术、人力和管理等）进行集中、整合和分配，满足各类翻译活动需求的服务模式。

（二）学生运用信息化翻译工具存在的问题

1. 语言基本功不足

从 20 世纪中叶起，机器翻译经历了长足的发展，但翻译本身的复杂性和机

器自身的局限性决定了真正的全自动机器翻译离我们还很遥远。学生在翻译中尽管运用了信息翻译工具，但是他们的译文中仍然存在大量翻译错误，并以语言、语用类错误居多。这说明学生的翻译语言能力与专业译员标准还有不小的差距，利用翻译工具并不能直接解决译者的语言能力问题。由此可见，目前的信息化翻译工具虽能为译者提供便捷服务，却不能代替译者有效完成翻译任务，译者本人的语言能力仍然决定了翻译质量的高低。

2. 深度搜索能力不足

由于认知水平的局限和实践经验的匮乏，很多学生在翻译中并没有检索、求证的自学习惯，甚至对于专有名词都全凭想象硬译、乱译。正确的做法应该是学生首先查阅平行文本（parallel text）。平行文本是在语言上彼此独立，但却是在相同（或相近）的情境下产生的不同文本。在翻译研究和词典学中，平行文本用来检验不同的语言如何表达相同的事实材料。通过比较平行文本，译者能了解信息传递的交际效果和目标读者的接受程度，从而选择合适的措辞进行翻译。然而在使用信息化翻译工具的过程中，学生普遍沦为各种信息的被动接受者，只会依赖某种常用的在线工具，缺乏多渠道查证官方译法的习惯。对于网络翻译，学生往往不求甚解，照搬照抄，较少考虑原文的内涵以及参考译文是否符合目标语言的表达规范。

3. 信息化翻译工具知识不足

学生在翻译中，基本上都会使用到信息化翻译工具。学生所选择的信息化翻译工具可分为四类：第一类，桌面/在线电子词典，如金山词霸、有道词典等，这些是使用记录最高的翻译工具；第二类，搜索引擎，如百度、谷歌、维基检索，以及电子百科全书网页和自动翻译平台；第三类，便携式电子词典，如卡西欧、文曲星等电子词典，其中往往已收录多部权威英文词典；第四类，政府、媒体、公司及社会团体的官方网站，如《中国日报》、中华人民共和国农村农业部网站。不足之处在于，学生所选择的翻译工具均为通用软件，很少有学生使用在线语料库和翻译记忆技术软件。另外，即便对于相对熟悉的通用软件，很多学生也缺乏相关工具知识和操作技能，难以发挥工具优势达到理想的翻译效果。学生几乎从未接受过有关应用信息化翻译工具的教育，只能通过自我摸索的方式尝试使用。基于此，对学生进行信息化翻译工具的系统培训非常有必要。

（三）基于网络教学平台的翻译作坊教学模式

翻译作坊教学模式以培养学生深度分析翻译文本的能力和提高翻译水平为目标，包括学前准备、学前研讨和协同式翻译、课上学习和交流、总结分享、评价反馈五个阶段。

1. 学前准备

学前准备要完成两项工作。第一，设计翻译项目。翻译项目分两类：一类为普通的翻译训练，教师按主题和文本类型选取。若按主题，选择如旅游、教育等语篇，若按文本类型，从公文、议论文、说明文入手。另一类为真实的翻译项目，教师接洽企事业单位，获得第一手的翻译资料，如说明书的汉译、商务合同和标识语的英译。第二，打造一个基于互联网的翻译教学平台。该平台可设有不同功能区，如信息区发布通知，协作互动区有翻译论坛、翻译答疑、直播讲座等不同功能区。其中，翻译论坛召开线上的翻译研讨，翻译答疑提供一对一的咨询服务，直播讲座是对共性问题的集体解答。作业区是译文提交反馈区，各作坊的译文初稿、修改稿和终稿、点评意见、反思报告都可在此展示。工具区嵌入了机助翻译软件和语料库，学生可根据需要自主作出译文选择。统计区以数据呈现教与学的状态。

2. 学前研讨和协同式翻译

教师先在平台的信息区发布翻译项目和与之相关的翻译理论知识，对译文质量、交付时间提出明确要求。在承接翻译项目（字数适当控制，可以 500 字为限）后，作坊长召集译员于第一次课前在数字化实训室召开两次翻译研讨会，邀请教师参与，并对两次研讨会进行全程摄像。教师根据这些"可视化记录"，客观评估学生翻译作坊的参与情况。

第一次研讨会，作坊长先分配任务，确定本次翻译项目的主译、审译和校译人员。接着，组织译员对翻译项目集体阅读，完成句子层次划分和意群分析两项工作，以便更好地掌握语篇架构、语法和语言特征。其间，作坊长严格控制会议的进度和节奏，保证译员有充分的时间研读和推敲。教师参与研讨，特别提醒译员注意意群分析的原则：不盲目地以汉语句子的句号进行划分；汉英对译时，应该将每个精细意群的结束视为每个英文句子的完结。会后，主译根据意群分析的结果翻译原文。如遇翻译问题，及时分享到学习平台的翻译论坛，或向教师发出直播答疑的邀请。形成初稿后，主译将作品上传至作业区。

第二次研讨会，任课教师带着各主译不同的翻译问题深入作坊面授指导，也可通过平台的直播讲座对共性问题作出解答。随后，各作坊的审译和校译借助翻译软件和语料库对初稿进行协同式审核，从句法、词汇、文风等方面综合校对，以防出现任何不必要的语法语用错误。为方便主译逐一修改，将审稿意见通过QQ、微信等通信工具发送给主译。主译根据汇总结果修改译文，经坊内成员确稿后，将修改稿提交至学习平台。

3. 课上学习和交流

译稿提交后，第一次课上的教学内容是中英语言差异比较和译文评分。只有在掌握了一定的英汉语言规律后，学生才能知其所以然。此外，通过各作坊的译文交流和量化赋分，培养学生品评、研读具体文本的能力，提高教学实效。设计的教学活动包括：20分钟的"评头论足"，即针对翻译项目中典型的语言现象进行分析说明；20分钟的"追根溯源"，即基于分析说明由表及里地挖掘语言规律和进一步的翻译实例解析；50分钟的PPT汇报、心得交流以及译文品评。具体而言，教师先选取本项目中的典型词汇和单句，让全体译员体验困难，各作坊提供译文，其他组"评头论足"地发表见解，逐一指出各版译文的优缺点。教师做总结性发言，简要评价讨论结果，并针对此类词汇单句体现的汉英语言差异，逐本溯源地带领学生发掘汉英语言规律。教师还要从具体的差异点出发，提供更多的例句翻译，学生深度剖析、加深体会，参与随堂的网络小讨论。此后，教师留出时间让各作坊派代表上台，以PPT的形式呈现完整的译文。其他组与教师以"译文是否忠实于原文、行文是否流畅、用词是否准确"为标准进行评分，整个赋分过程让学生重新审视翻译项目和对照彼此的译文，取长补短，相互学习。最后教师让各作坊进一步完善译文，还要在教学平台上布置课外的拓展练习。

第二次课上，教师进一步总结本次翻译实践，包括对译文终稿审核的结果和对拓展练习的讲解，重点梳理适宜的翻译理论、实践技巧，启发学生对同类文本的语言特征、行文风格、语句结构的思考，以使学生更好地了解翻译的步骤与过程，要从以上这些关键点分析语料，并在一定的翻译理论指导下，选择翻译技巧。

4. 总结分享

第一次课后，各作坊在考虑保持原译翻译风格的前提下微调译文。第二次课后，各作坊归纳处理同类翻译问题时可以应用的翻译小窍门，对翻译项目中出现的专有词汇整理归档，积累词汇和常用表达。教师让各作坊在网上提交译文终稿和翻译心得，进行学生间的线上经验分享。翻译心得包括：反思在翻译中采取了哪些策略和技巧，应对什么问题，受到哪些翻译理论指导，对翻译问题的处理结果是否满意，还有哪些问题尚待解决等。

5. 评价反馈

采用多元评价体系，全面评估学生学习。首先是对翻译作品的评价。对各作坊的翻译训练译稿，教师除课内组织评分外，还邀请译审教师网络赋分，提供专业的评审意见；对真实的翻译项目，在师生评价的基础上，可以引入客户评价（相关企业）。其次是对学生网络学习的评价。利用平台的统计区，实时统计学生在线学习时长、教学视频的观看率，形成可视化结果，输送到每位学生的手机终端，让其自主管理学习过程，并据此及时调整学习状态。课程评估，期末考核权重仅为20%，平时80%。平时成绩包括翻译实践项目、课堂教学和网络学习，期末考试的题型为翻译题和译文分析。

（四）交互式翻译教学模式

交互式翻译教学集中了影像、图像、文字、动画、声效等多媒体技术，能较长时间地吸引学生的注意力，促使他们全身心地投入学习中，激发学生的求知欲，活跃课堂教学气氛，注重培养多种能力。采用交互式翻译教学可以实现翻译课堂从平面化到立体化、纵深化的转变，教学过程可以分为原文理解、译文转换和译后讨论三个环节。

第一个环节：原文理解。教师设置与文本相关的问题，注重学生的翻译主体地位，而不是向学生灌输一些翻译知识和技巧。学生不仅要认真回答这些有针对性的问题，还要了解设置这些问题有何目的，并通过分析将这些问题分门别类。如此循环往复，学生会逐渐形成正确的翻译思维，并有意识地运用在翻译实践中，调动已掌握的语言知识，确保在理解文本方面不出错误或者少出错误。教师要指导学生大量阅读英语文章、著作，不断丰富学生的跨文化知识和英语语言储备，提高其语言感悟能力。具体来说，教师可以针对一定的翻译理论设置一些有一定启发性的问题来引导学生理解原文，学生则可以通过回答问题加深对原文的理解和感悟。问题的设置要深入浅出，能够帮助学生分析原文的基本思路。针对英译汉和汉译英两种翻译类型，设置问题的侧重点应有所不同。对于英译汉的文本，提问要侧重帮助学生理解原文中出现的疑难词句和模糊语义，还应包括学生容易误解和忽视的难点。学生通过对这些问题的积极回答，不仅可以获得翻译知识，而且能够树立认真的翻译态度。对于汉译英的文本，教师的提问要有深度，要涉及汉语文本中包含的文化意象的理解和中西方不同的文化内涵、思维特征。学生在回答一个个由浅入深的问题中完成与文本的交流，在获得阅读原文写作技巧的感性认识的同时，获得对翻译技巧运用的深切体会。总之，翻译要求学生不仅要了解自己国家的知识，还要通晓英、美各国的历史、地理、政治、经济、军事外交、科学技术、风俗习惯、宗教信仰、民族心理、文化传统等方面的知识，这样才能在翻译中胸有成竹、游刃有余。

第二个环节：译文转换。翻译不仅是语言符号转换的过程，更是跨文化转换的过程。在某种程度上，语言符号的转换只是翻译的表层；翻译的实质在于文化信息的传递。这就要求译者熟悉英汉两种语言的文化特征及其差异，并通过一定的翻译技巧将双语的文化内涵恰当地"对接"起来，准确完整地传递原文的内在信息，以真实再现原文的面貌。在教学设计上，教师可以借鉴翻译公司的"译审"模式，将学生分成若干三人组，一人主译，一人担任一审，一人担任二审。主译的学生完成译作后，分别由一审、二审提出修改意见，主译学生根据审稿意见对自己的译文进行修改。主译的同学修改、定稿后，负责从词汇、语法、语境、文化意象的理解和表达等方面归纳总结本次本组翻译实践中出现的问题和翻译的亮点。三个小组成员轮流担任主译、一审和二审。鉴于课堂时间有限，教师可以将此环节延伸到网络辅助课程板块来进行。

第三个环节：译后讨论。交互式翻译教学模式不仅重视师生之间的互动与交流，而且注重学生之间的协作。学生分组完成译文后，教师安排学生把翻译中无法圆满解决的争议问题带到课堂，供全班共同讨论解决。学生需要反复阅读完成译文，以译语读者的身份根据原文的特定翻译目的来评判译文质量，师生共同鉴别、比较译文的优劣，并作出客观、中肯的评价。由于学生将自己小组的翻译亮点也带到了课堂上，全体师生又可以分享成功的喜悦和成就感。在交互式翻译教学的各个环节，师生、学生之间始终积极互动，并通过这种交流互动营造出轻松、活泼、合作、竞争的教学环境，更利于学生发挥自己的主观能动性和翻译能力的形成。学生通过自觉总结翻译规律，反复操练翻译流程，最终提高自身的语言水平和翻译技能。

（五）基于慕课的翻译教学设计

1. 以优化教学内容为先导

翻译慕课吸引学生的首要因素是教学内容，因此要优化教学内容。第一，在视频时长上，尽量做到知识内容的碎片化。调查发现，一般10分钟左右的慕课视频，能够完整地呈现单元教学内容，有利于学生利用空余时间完成学习任务。第二，在保证碎片化的同时，教学设计要力求教学内容的完整性与系统性，即教学设计理论中的系统性设计原则。这就要求教师按照主题与知识单元将教学内容进行切分，每个单元的设计需要相对独立且完整。课程内容的系统性在一定程度上保证了教学难度是逐步提高的，能够让学生在不断地"同化"与"顺应"中建构翻译知识体系。第三，教学设计者要充分考虑视频中知识点的编排与讲解。知识点的选择需要由点及面，例句的选取也需要具有代表性，可以考虑将学生常见但又容易忽视的翻译错误整理成例句，组织成教学内容，打破学生翻译中的思维定式，激发翻译学习兴趣。同时，教师也可以采用多种教学方法，如比较教学法，将不同情感色彩的例句进行比较、不同文体的例句进行比较、同一词汇的不同用法进行比较等，或可以采用情境教学法，在视频教学中引入现实情境，提高实际翻译应用能力。第四，在教师参与度上，教学设计者需要根据教学计划与精力合理安排回帖比例。若教师时间有限，可以挑选部分帖子进行回复，从而凸显这类话题的重要性；若教师具有充足的时间，在积极参与的同时，也要根据学生提问的难易程度进行引导。对于较简单的问题，教师可以回帖并鼓励学生帮助解答；对于专业性较强的问题，教师也不必立刻予以解答。据此，教师利用慕课平台功能凸显了自身的参与度，并提高了在学生翻译学习过程中的影响力。

2. 丰富教学资源

教学资源可以根据学生的差异进行设计。基于开课之初的前测结果，教师能够大致把握学生的差异性。针对基础较差的学生，教师可以设计补充学习材料，使得这些学生在学习过程中不至于太过吃力，比如可以将本节视频中所使用到的难点词汇、所涉及的翻译策略等一一列出，为视频内容的学习奠定基础。对于学有余力的同学，教师可以设计扩展性学习资源，比如根据本课程内容，设计额外的翻译练习，并辅之以参考译文与详解，帮助学生加强巩固学习效果。

教师可以将讨论区中学生的精彩互动与建议，以及学生的优秀翻译作业整理成文档或者录制成视频，供学生查阅。再者，教师可以将学生存在的共同疑问与错误整理成知识点，在慕课课堂的特定位置分享，形成慕课学习特有的"生成性学习资源"。在教学资源开发过程中，要注重课程资源的多样性，与学生的视听心理相结合，充分利用现代化教学媒体，为学生设计出丰富、有趣的学习资源。

3. 开展多元互动合作

翻译慕课在教学互动中存在一些问题，如讨论交流以教师提问为主，生生互动效果不佳，互动形式单一，缺乏实时互动。教师可考虑从以下四方面进行改进：第一，安排助教辅助答疑，从而提高学生的翻译学习意愿，实现师生之间的沟通。除此以外，也可以赋予少部分学生一定的权利，设置"学生管理员"，让学生帮助管理讨论区，提高互动交流的积极性。第二，除了讨论区互动外，电子邮件也不失为一种有效的沟通方式。教师或教学团队不仅能够通过邮件完成对学生情况的调查工作，而且还可以在邮件中对学生的翻译作品与发表的言论进行点评，并鼓励学生继续交流、保持良好的学习状态。第三，教师可以提供常用的社交软件作为在线协作学习与沟通的工具，如QQ、微信等。学生在这些社交软件上可以发布学习信息，参与讨论互动，与其他学生交换学习感悟，同时可以上传、共享学习成果。相较于讨论区，社交软件更加具有及时性，教师和其他学生都能够及时收到信息提醒，便于及时解决问题，提高学生的积极性。但另一方面，这加大了教师管理学生言论的压力，就要求教师正确引导、合理管理，避免学生发布无用信息对其他学生产生干扰。第四，考虑开展在线直播讨论，集中解决学生的困惑。这种互动方式实时性高，能够拉近网络学习中师生的距离，对于消除学生由于网络学习产生的孤独感、解决学习困惑具有十分重要的作用。此外，视频直播还可以开设弹幕功能或对话功能，符合年轻人的交流方式，让互动更加具有趣味性。

4. 突出形成性评价

教学评价是为了促进学习，而非教学的最终目的。由于受到翻译课程性质的限制，客观题不能作为评价学生成绩的主要手段。在教师团队精力有限的情况下，同伴互评机制有其存在的理由。教学设计者需要积极引导、指导学生进行客观、认真的同伴互评工作，同时加强监管机制，对随意评分的学生予以警告或禁止参与互评等。此外，仅以同伴互评方式来测定学生翻译成绩是远远不够的，教学设计者还需要积极探索其他的测评方式，提高测评的丰富性，从多方面检测学生的翻译学习效果。第一，在视频中设置"嵌入式问题"，问题的设置主要以视频中所学知识点为主，学生只有回答正确，才能继续学习，既增加了视频学习的趣味性，又能够及时检测学习效果。第二，教学团队需要充分利用教育大数据，对学生的学习过程进行评价，比如检测学生观看视频的情况并纳入评价范围之内。第三，由于学生更加希望获得教师的权威性评价，因此教师可选择点评部分有代表性的作业，并将之整理成文件或录制成视频，作为共享资源。

5. 成为自主型教师

教师的教学理念、对待教学的态度、学科知识、设计技能等均对慕课翻译教学设计具有不同程度的影响，为此教师需要做到以下方面：第一，教师要转变教学理念，以学生为中心，改变自身在教学过程中的传统形象，由知识的占有者转变为教学活动的传递者、分享者、促进者。具体而言，教师需要积极探寻改善翻译教学设计的途径，定期在慕课网站上"淘课"，搜集、学习并借鉴相关课程教学的经验，并根据本课程中学生的具体情况，对翻译课程的教学计划与教学内容作出调整。第二，借助慕课平台及其他现代教育技术功能，英语教师需要努力构建基于慕课的虚拟学习共同体，通过传统课堂以及慕课教学的实践与反思，不断提高自身的翻译学科知识与运用外语教育技术的能力。借慕课时代的东风，提升自身知识与能力，从而实现自主发展。第三，英语教师需要不断提高慕课教学设计的技能。

6. 优化学习效果

教师在课程设计之初不能获得课程受众的总体情况，因此教师需要将教学设计贯穿于整个课程教学过程中。首先，在开课之初向选课同学发送问卷调查，可以收集学生的性别、专业、语言与翻译水平、地域分布、年龄等基本信息，这对把握学生的多样性特征具有重要的作用，也可调查学生对课程学习有何种期待。与此同时，根据教学内容设置前测试题，用以测试学生的初始学习能力，可作为教学设计的依据。其次，在课程开设过程中，通过慕课平台所提供的交流与互动的方式，及时获取学生对于课程学习的反馈信息，从而调整下一阶段的教学进度。最后，在课程结束后，根据学生成绩以及问卷调查与访谈等，探寻学生的翻译学习效果以及对课程学习的感受与建议，为下次开课提供切实的参考与优化方案。

总之，只有将慕课教学环境和过程与学生的个体特征相匹配，学生才能在慕课学习中与知识进行良性互动，产生最佳的学习效果。

7. 开展模块化教学

在教学设计中，根据慕课翻译学习对象需求的不同，可以将课程模块分为公众模块、学习和科研模块、商业应用模块。

公众模块在内容设计上可多选择生活中常见的翻译问题，选取生动的案例或者电影桥段，主要提高学生对翻译的感知能力与翻译的学习兴趣。

学习和科研模块可以致力于设计在应试与升学中常见的翻译问题、题型以及长难句。相对于公众模块而言，教学内容可以更偏向于专业性，针对翻译测试与翻译练习中常见的问题，以图片、文本以及实例来展开讲解，注重翻译技巧与方法的传授，旨在切实提高学生的应试技巧与能力。

商务应用模块的设计更加强调翻译实践能力的培养。教师可以通过总结日常商务、会议等场合中的翻译实际应用问题，采用多个贴近主题的视频，包括对专业人士的采访、实际案例的分析等，让学生明确工作中所需掌握的翻译技能。据此，教学设计者可谓是充分考虑了社会需求在翻译学习中的影响，满足了不同学生的需求，并进行了有针对性的教学设计。

第五章 "互联网+"大学英语教学评价创新

本章是"互联网+"大学英语教学评价创新,从大学英语教学评价概述、"互联网+"大学英语教学评价改革的必要性、"互联网+"大学英语教学评价的原则、"互联网+"大学英语教学评价的创新与实践几方面展开了论述。

第一节 大学英语教学评价概述

一、"互联网+"背景下大学英语教学评价的定义

对"互联网+"背景下大学英语教学评价展开分析,首先需要了解教学评价的定义。对于教学评价,国内外学者有着不同的见解,可以总结为以下几个观点:

第一,教学评价等同于专业判断;

第二,教学评价等同于教学测验;

第三,教学评价是一种有系统性地去搜寻资料,以便帮助使用者恰当地选择可行途径的过程;

第四,教学评价是一种将实际表现与理想目标进行比较的过程。

虽然上述四种教学评价的观点对教学评价研究产生了一定的促进作用,但是不可否认这些定义也存在一定的片面之处。

(1)教学评价并不完全等同于专业判断,这主要是因为教学评价中存在着一定的主观因素,这些主观因素会影响评价结果的客观性,从而影响最终的评价结果。

(2)教学评价并不等同于教学测验。虽然当前的教学评价需要借助教学测验这一手段进行,但是教学评价和教学测验却存在着本质上的区别。第一,教学测验倾向于数量的统计,因而注重具体教学事实的数量化,而那些不能做数量化

处理的教学事实往往被排除在教学评价之外。然而，教学评价不仅包含数量分析，还包含确定事物性质，即实现主观评价与客观实际的结合。第二，教学测验倾向于描写教学现状，从而获取客观事实，而教学评价倾向于对教学情况的判断和解释。

（3）对于教学评价是一种系统地去搜寻资料，以便帮助使用者恰当地选择可行途径的历程的说法，同样存在利弊。其优点在于强调了教学评价在作出决策层面的意义，但是却容易让人产生教学评价与教学研究等同的认识。事实上，教学评价与教学研究也存在着明显区别。第一，二者研讨的目的不同，教学研究是为了获得某种结论，目的在于揭示教学的本质和客观性，教学评价是为了获得某种指导和决策的依据，目的在于指导人们下一步的行动和认识。第二，二者所侧重的价值不同，教学研究是为了获得真知；而教学评价是为了获取某种教学现象的价值。

（4）对于教学评价是一种将实际表现与理想目标进行比较的历程的说法，较前面几个观点相比来说具有一定的理性成分。持有这一观点的学者认为，教学评价的基本方法和内容就是对现实与构想进行比较。事实上，这一观点只侧重于对教学效果（即已经完成的教学行为）的评价，而未包含对形成教学效果过程的评价。另外，在评价的操作性上来说，这一说法使得教学评价的概念过于宽泛，导致评价者很难把握评价内容的主次。因此，这一说法也具有片面性，也是不可取的。

很明显，上述四种观点都存在一些合理的成分，也存在明显的不可取性。本书引用学者滕星的观点，并结合上述几种观点的合理成分，认为教学评价是以教学作为对象，从教学目的、教学规律、教学原则出发，利用可行的评价手段和技术，将教学现象和教学目标的关系揭示出来，并赋予价值上的判断，从而提供反馈信息指导下一步教学的过程。[①]

"互联网+"背景下的大学英语教学评价指的是依托于互联网环境，以计算机网络技术为支撑，为了促进学生的学习，对于互联网教学相关的要素进行收集与分析，并根据一定的教学目标、教学评价标准，对所收集的信息进行科学评判的活动。

---

① 滕星. 教学评价若干理论问题探究[J]. 民族教育研究，1991，（2）：77-90.

二、"互联网+"背景下大学英语教学评价的内容

"互联网+"背景下大学英语教学评价的对象是与互联网英语教学相关的所有要素，将这些要素进行归类总结，就能得出"互联网+"背景下的大学英语教学评价的主要内容。传统教育观认为，受教育者、教育者、教育内容、教学手段，也就是学生、教师、课程、教学方法，是组成教学的四个要素。根据这一观点，基于"互联网+"的大学英语教学评价的内容具体包含以下几个部分：学习者评价、教师评价、课程评价和教学过程评价。这四项内容之间既相互独立又相互联系、相互作用，对其中一个方面进行评价时就会从侧面反映出其他三个方面的情况。

（一）学习者评价

学习者是大学英语教学的主体和中心，对学习者进行评价是大学英语评价的重要内容。

"互联网+"背景下大学英语学习者评价主要可以划分为以下两个方面的内容：第一，对学习过程的评价，包括对学习策略、学习态度、学习动机、学习风格以及学习效果等的评价。第二，对学习结果的评价。"互联网+"背景下大学英语学习者评价，根据教学背景，还需要对学习者的计算机操作能力、网络信息获取能力与分析能力展开必要的分析。

（二）教师评价

由于互联网环境纷繁复杂，因此教师在"互联网+"背景下大学英语教学中的作用愈加凸显。对教师进行评价，也成为"互联网+"背景下大学英语教学评价的重要内容。

新的互联网环境给教师带来诸多新的挑战，教学中，教师的角色也发生了相应的改变。教师不仅是知识的传授者，更是教学的组织者、学生的引导者与合作者。在互联网环境下，教师不仅要掌握一般的教学技能，更要具备熟练驾驭网络教学的能力。所以，对教师的评价不仅包含传统的评价内容，还包括以下内容：计算机操作能力、对网络教学的组织能力、对网络教学方法的运用能力等。

（三）课程评价

课程的质量是影响和制约大学英语教学发展的关键因素，所以课程评价也是

"互联网+"背景下大学英语教学评价的重要内容。具体而言,"互联网+"背景下大学英语教学课程评价主要包含两个方面的内容。

1. 对互联网大学英语教学系统的评价

互联网大学英语教学系统评价具体包括对教学系统的评价、对教学管理系统的评价、对资源库系统的评价、对支持与维护系统的评价。对"互联网+"背景下的大学英语教学系统的评价,可从三个方面进行:课程的界面、课程的兼容性和课程的产品质量。其中,课程的界面评价主要是对互联网课程的导航设置、导航功能以及操作性进行评价。课程的兼容性评价主要是对互联网课程运行所需的环境与条件进行评价。课程的产品质量评价主要是对图形、文本、格式等进行评价。

2. 对互联网大学英语课程教学设计的评价

具体而言,对"互联网+"大学英语课程教学设计的评价主要包括以下内容:教学目标、课程说明、教学目标与教学内容的一致性、教学反馈的设计等。

(四)教学过程评价

教学过程直接影响教师授课效果和学生对知识的吸收效果,因此教学过程评价也是"互联网+"背景下大学英语教学评价的重要内容。具体来说,对教学过程的评价主要是指对教学中所使用的教学方法,以及开展的相关教学活动的评价。

为了保障教学评价更加科学、有效,除了需要对上述教学评价的内容进行研究外,还要重视对"互联网+"背景下大学英语教学的评价标准、评价方法以及元评价的研究。

其一,任何评价都需要一个科学的尺度作为判断的标准。"互联网+"大学英语教学评价标准设置得是否科学,对评价的结果有着直接的影响。

其二,"互联网+"背景下的大学英语教学评价与传统的大学英语教学评价有所区别,这种区别在评价方法上有着显著的体现。那么,"互联网+"背景下的大学英语教学评价有哪些方法呢?这也是"互联网+"背景下的大学英语教学评价值得研究的方面。

其三,元评价就是对评价本身的再评价。其评价结果可靠与否,其接受评价方法的恰当性和科学性的影响。元评价可对以上四种评价本身进行判断,对保障评价结果的真实性具有重要意义。

第二节 "互联网+"大学英语教学评价改革的必要性

互联网教学是互联网技术与现代教育紧密结合的产物。为了能够使互联网技术更好地融入大学英语教学，在进行计算机设置时，需要考虑以下几点问题：

（1）解决互联网教学的信息资源问题。

（2）解决互联网教学的课程改革问题。

（3）解决互联网教学中师资力量的培训问题。

（4）及时对互联网教学进行评价。

因此，互联网教育背景下的大学英语教学评价意义非凡，是当前互联网教学的重要组成部分。

首先，互联网教育背景下的大学英语教学能够对学生的学习情况进行监控，保证学生学习的质量，促进学生学习的进步与发展。根据学生在学习中的情况，对其学习态度、学习过程等展开评价，有助于为学生的学习计划等提供支持。根据评价的结果，教师能够对学生的英语学习加以指导，对学生学习中存在的问题提出意见，并要求学生改进，从而将学生的潜能发挥出来。

其次，互联网教育背景下的大学英语教学评价还有助于教师的进步与发展。这是因为，教师评价目的主要是对教师工作中现实和潜在价值作出判断。

第三节 "互联网+"大学英语教学评价的原则

原则是规律的反映，教学评价原则反映的是"互联网+"背景下大学英语教学评价的规律。要想对"互联网+"背景下大学英语教学评价有一个真正的把握，还需要掌握一定的教学评价原则。根据这些评价原则来选择评价手段和方法，才能与教学评价规律相符合，与教学规律相符合。

一、客观性原则

"互联网+"背景下的大学英语教学评价需要坚持客观性原则。教学评价的客观性原则是指评价中不能主观臆断，而应该实事求是，不能掺杂个人的感情。

在"互联网+"背景下的大学英语教学工作中，教学评价具有很强的科学性。一般来说，评价是否具有客观性往往对教学效果产生直接的影响。如果评价是客观的，那么就有助于促进教学目标的实现；如果评价是不客观的，那么教学就会远离预定的目标。因此，教学评价中必须坚持客观性原则，即要求教学评价要根据一定的教学目标来确定评价的标准，并结合多重因素，考虑该标准是否能够得到人们的认可。评价的标准确定之后，任何人不得更改，这就能较好地体现客观性原则。

二、差异性原则

差异性原则是"互联网+"背景下的大学英语教学评价实施的重要原则。

由于受生活环境、家庭背景的影响，每一位学生都会有自身的个体特征，即每一位学生都存在着自身的差异。另外，在教学过程中，教师对不同的学生也会有不同的指导，这也导致学生的发展存在很大差异。因此，针对这一情况，在进行教学评价时，需要遵循差异性原则。

在"互联网+"背景下的大学英语教学评价中，教师首先对不同学生存在的差异性有一个基本的认识，并根据不同学生的水平和要求来制订不同的学习要求，在这一基础上建立一种和谐、平等、尊重、理解的师生关系，也有利于构建良好的课堂教学氛围。在这样的教学氛围中，学生才能积极地发表自己的观点和见解，在教师的鼓励下充分地发挥自己的个性。

对于中等以上水平的学生而言，教师给予适当的指导即可，从而更好地促进学生的长远发展。

对于中等水平及以下的学生来说，教师需要不断地对他们进行鼓励，灵活地运用各种教学手段调动学生的主动性与积极性，最终提高学生的学习能力。

三、导向性原则

之前提到，教学评价是根据一定的教学目标制订的，其通过对比现状与目标间的距离，能够促进被评对象不断与既定的目标相接近。因此，教学评价具有导向的功能。

"互联网+"背景下的大学英语教学评价并不是单一的评价问题，其评价目标也不仅仅是评优与鉴定，而是在此基础上引导教师更新观念，将新的观念在具体的教学过程中展现出来，也激励教师在内心深处产生一种研究欲望。在对教学活动的评价上，教师需要充分调动教师和学生双方的积极性和主动性，力求为教学双方在教学活动中展现自身的潜质，构建出恰当的评价方法与体系。但是，在构建评价体系标准的过程中，发挥评价的导向原则是必然的，并将这一原则贯穿始终。

四、开放性原则

在"互联网+"背景下的大学英语教学中，开放性是最重要的特征。在"互联网+"背景下的大学英语课堂中，学生的心态、思维等处于开放状态，教师也需要将学生的思考、体验、领悟、探索等能力激发出来，因此对其评价也必然是开放的。

开放性教学评价虽然遵循了教学评价的基本标准，但是并不是一成不变的。例如，开放式的课堂导入强调发散性、合理性与深刻性。在这样的教学中，教师要注重学生的个性化发展，鼓励学生开展发散性思维，主动开展探究性学习和合作学习；对于教学中的提问，学生也愿意主动回答，内容也强调延伸性和推进性；在作业的布置上，教师要保证内容的拓展性和实践性。从这些层面来看，英语教学都坚持了开放性的原则，符合开放性的标准，有助于教师和学生形成符合自己的教学和学习风格。

五、发展性原则

发展性教学评价原则是根据发展性理念，提出一定的发展性目标和发展性的评价方法以及技术，对教学过程中教与学的状态进行价值评判。与传统教学评价指标不同，发展性教学评价不仅注重教师的主导地位，还注重学生的主体地位。对学生进行学习评价是发展性教学评价的核心。

在"互联网+"背景下的大学英语教学中，教师应该构建创造性、教育性、操作性、实践性的且以学生为主体的教学形式，让学生主动参与和思考，主动实践，以实现学生综合能力的发展。过程与方式、知识与技能、情感与价值观是发展性教学评价原则的重要内容。

六、针对性原则

教学评价具有明确的针对性，其往往是针对教学中的具体问题进行的，这在"互联网+"背景下的大学英语教学评价中也是非常明显的。对于教师和学生而言，如果教学进行得非常顺利，师生之间也配合得更为默契，那么就需要进行教学评价，以帮助教师和学生总结经验，便于推广；如果教学进行得不顺利，出现了较多的问题，那么也需要进行教学评价，从而帮助教师和学生解决教与学的问题，便于之后克服这些问题。

此外，如果教师改变了教学方法与手段，也需要进行教学评价，以确定该教学方法是否发挥了效果；同样，教师需要通过评价的方式来增添学生学习的自信心。

第四节 "互联网+"大学英语教学评价的创新与实践

"互联网+"背景下的大学英语教学评价可以采取学生自评、同学互评、专门调查等几种方法。

学生自评：传统的英语教学中，教师往往是唯一的评价者，而学生自评可以让学生更好地了解自己的英语水平，及时调整学习策略。通过"互联网+"，学生可以在学习平台上进行自我评估，反思自己的学习效果、学习态度、学习方法等，从而更好地提高英语学习效果。

同学互评："互联网+"时代的大学英语教学中，同学互评可以让学生更好地了解自己的英语水平，通过与同学的交流、讨论和比较，发现自己的不足之处，并及时改进。同学互评可以通过线上平台进行，学生可以在平台上提交自己的作业、报告等，其他同学可以进行评价和点评，从而形成一个互相学习、互相提高的环境。

专门调查："互联网+"时代的大学英语教学中，教师可以通过互联网平台进行在线调查，了解学生对英语教学的满意度、课程难易程度、教学方法等方面的反馈，从而及时调整教学策略，更好地满足学生的学习需求。

一、学生自评

在"互联网+"背景下的大学英语教学评价中，学生自我评价是一个重要的方法，体现了以学生为中心。通过学生自评，不仅学生能够发现自己学习中的问题，并寻找改进措施，而且教师也可以了解他们的学习态度和成果。

自我评价的内容包含学习过程、学习态度、学习手段、努力程度、学习优缺点、学习结果等。在自我评价中，教师需要做到两点：一是根据评价目的制订自我评价表，引导学生进行自我评价；二是通过与学生讨论自我评价的过程和结果，了解学生的学习态度。

一般情况下，自我评价法往往采用电子自评表和自我学习监控表两种表格。

（一）电子自评表

电子自评表对于教学评价的效率来说至关重要，而且操作起来也非常省时、方便。一般而言，教师可以选择在互联网课程结束之后发送给学生，让学生对自己的学习进行自评。如表5-4-1所示，是针对网络阅读课堂中阅读方法的使用进行自评。

表 5-4-1　阅读方法使用电子自评表

Self-evaluation Sheet Date：＿＿＿＿＿＿＿＿ Name：			
Question	True	Partly true	No
I skimmed the story to first find what it is mainly about.			
I was able to select a story I am interested in.			
I then read the story carefully, interested in some of the details.			
When I failed to guess out the words, I referred to the Chinese version for reference.			

（二）自我学习监控表

自我学习监控表是对学生学习过程进行监控的表格，在大学英语教学评价中有着十分重要的作用。使用自我学习监控表应注意以下步骤和事项：

（1）使用该表前，教师需要向学生介绍该表的用途和操作方式，便于学生认识和使用。

（2）在新单元学习之前，教师可以让学生从自己的实际情况出发，提前制订一个理想的目标，然后在活动栏中写上自己的预期任务。在之后的学习过程中，学生可以根据这些任务和目标监控自己的学习进度。

（3）尽管在使用学习监控表时，完成预期目标和任务是学生的事情，但是教师也需要参与其中，需要时刻提醒学生对自己的目标和任务进行检查，为他们调整下一次的目标和任务给予指导意见。

二、同学互评

"互联网+"背景下的大学英语教学注重同学之间的协作。因此，通过其他同学对其进行评价也是很重要的一种评价方法。

同学互评这一评价方式主要是通过学生之间的了解、合作和沟通来实现的。因此，在同学互评中，沟通和合作技能是非常重要的两个因素。这是因为，不同学生，其沟通能力与合作态度存在差异，再加上同学之间的信任程度也不同，因此，进行同学互评还是需要一定的时间培养的。在首次同学互评时，教师可以采取一定的办法辅助执行。

需要注意的是，同学互评需要遵循一定的原则。例如，在谈论自己的观点和发表评论时，学生不能进行主观臆断，应该有理有据。因此，教师可以同时让几个学生来评价一个学生，每个评价者都需要根据客观事实来写评语，且评语的重点应放在被评价者的优点和改进意见上。如表5-4-2所示，是一张电子同学互评表。

表5-4-2 电子同学互评表

Setting Improvement Goals
Your Name: Date: Your Partner's Name:
1. Review your partner's work sample.
2. What do you think your partner did well？

（续表）

Setting Improvement Goals
Your Name： Date： Your Partner's Name：
3. What do you think your partner could make better？

三、专门调查

专门调查法也是形成性评价的一种手段，它比观察法更为直接。其主要是为了调查学生的学习行为、学习活动、学习兴趣等，是一种有效的收集数据的方法。但是，专门调查法一般具有针对性，其主要采取的评价方法有调查问卷和访谈或座谈。

当学生根据网络环境课件进行学习之后，教师可以采用调查问卷的形式。调查问卷是向学生提出一系列的问题或情境，要求学生回答问题，从而获取信息的评价手段。访谈或座谈是教师通过与学生进行面对面交谈来获取信息的评价手段。

下面以学生对听说课的反应为例进行说明：

（1）Which speaking, listening activities did you participate in this week？

（2）In which speaking activities would you like to learn to do better？

（3）Which did you enjoy？ Why？

（4）Which did you dislike？ Why？

第六章 "互联网+"大学英语教师综合素质的提升

本章为"互联网+"大学英语教师综合素质的提升,分别介绍了"互联网+"大学英语教师的角色定位、"互联网+"大学英语教师专业发展的影响因素、"互联网+"大学英语教师综合素质提升策略几个方面。

第一节 "互联网+"大学英语教师的角色定位

在"互联网+"环境影响下的大学英语教学中,传统的教学模式发生了巨大改变,教师作用的发挥也受到了影响。

一、教师的角色

(一)教育者

作为一名教育者,教师首先担当着教育人和培养人的责任与义务。为了实现这一目的,教育者必须具备强烈的职业精神以及社会责任感,以身作则,身体力行,通过自己的行为去教育和感染学生,帮助学生树立良好的人格。

(二)工程师

作为一名工程师,教师担负着引导人、改善人、塑造人的任务。教育的目的就在于改善人的行为、净化人的灵魂。这是因为,教师是人类灵魂的工程师。作为工程师,教师在教书育人、对教育对象起到主导作用的过程中,必须具有精湛的技术、渊博的知识,培养出被社会认同的优质人才和优良品格。

(三)激励者

作为一名激励者,教师承担着鼓励和激发学生求知欲望的任务。兴趣是最好的老师,是推动学生学习的原始驱动,而求知欲望是学生成功的前提。教师教育的一项重要任务是通过开展教学活动来开启学生通往智慧的大门,激发学生对知识的渴望及兴趣,从而不断培养他们认识世界、改造世界的能力。

(四)艺术家

作为一名艺术家,教师在教学过程中还承担着传播美的角色,不断培养人的审美能力,提高学生鉴赏美的能力,使学生学会追求美,善于用眼睛观察和发现美,最终实现美的创造。

(五)指导者

作为一名指导者,教师在整个教学活动中起着重要的指导作用。通过运用科学的教学方法来引导学生学会学习,学会如何理解和掌握知识体系,如何培养自己的技能,如何从一个可知领域向着未知领域发展。

综上所述,英语教师作为普通教师,首先应该充当教育者、工程师、激励者、艺术家、指导者的角色。无论时代如何变化,学科有何不同,教师的本质特征是不变的,所以坚持这些共性特征是所有教育者必须遵循的。

二、英语教师的角色

作为一名英语学科的教师,除了要承担上述角色外,英语教师还扮演着特殊的角色。英语学科具有独特的学习方法和体系,英语教师在进行教学时需要从英语学科的具体特点出发,即教学中应该包含如何提高学生的英语运用能力,如何激发学生英语学习的兴趣和积极性,这就要求教师必须承担如下多重角色:

(一)语言知识的引导者

教师是英语语言知识的诠释者,因此首先要具有渊博的英语语言知识储备。也就是说,英语教师必须对专业知识系统的掌握,并能够系统地分析出各种英语语言现象。从教师教育的研究中不难发现,英语教师需要掌握的专业知识包含理论知识、形式知识、语境知识、实践知识等。这些知识不仅包含语言形式结构的知识，还包含语音知识、词汇知识、语法知识、语篇知识、社会文化知识等具体的语言使用的知识。英语教师只有掌握了这些知识，才能对语言材料、语言现象有一个清晰的剖析和阐述，也才能解答学生学习中所遇到的问题，使学生能够恰当地理解并实现语言输出。

另外，语言技能的掌握和使用也离不开语言知识的积累。通过不同的语言形式，语言功能得以实现。无论教师采用何种教学策略，必须要教授的教学内容就是英语语言系统知识及对这些知识的分析和输出。可见，教师是英语语言知识学习的引导者和帮助者。

（二）语言技能的培训者

英语教师不仅是英语语言的诠释者和分析者，更是英语语言技能的培训者。在学生进行语言学习时，对语言知识的掌握是必要的前提条件和基础，而学习语言的目的是提高和发展自己的语言运用能力。

一般来说，语言技能包含听、说、读、写、译五项。在大学英语教学中，教师必须具备掌握语言技能的能力，这是一个全方位掌握的概念，是听、说、读、写、译的有机结合。如果不能掌握这些技能，教师就很难驾驭语言课程，很难娴熟地对语言教学活动进行组织，也无法完成提升学生语言技能的重要目标。

另外还需要指出的是，教师还担任着英语语言训练合作者的角色。也就是说，并不是教师将任务布置给学生就可以了，还需要引导学生，参与到学生的活动中，让学生在教师的帮助下更得心应手，既能学到知识，也能完成任务，从而提升教师的教学效果。

（三）课堂活动的组织者

对于任何教学活动来说，课堂活动都是必不可少的，大学英语教学也不例外。英语课堂活动是课堂教学的载体，设计合理的英语教学活动有助于提升教学的质量。如前所述，英语是一门特殊的学科，有着特殊和鲜明的特征，因此在课堂上教师需要对英语技能进行培养和训练，而英语课堂活动恰好是训练技能的一种有效方式。

但是，就普通大学英语课堂来说，教师可用的教具只能是粉笔、黑板、幻灯片、投影仪、录音机等设备，这些设备携带并不方便。同时，英语训练需要语言环境的参与，但是普通的大学英语课堂只能提供有限的教学环境，如辩论、对话、话剧表演等，学生缺乏更加丰富多样的语言训练机会，如远程对话交流、电影配音等。虽然教师发挥了活动组织者的作用，并且活动也大都比较直观，但是这是远远不够的，很难加深学生对英语语言知识和技能的印象，也很难巩固自己的语言知识体系。

（四）教学方法的探求者

在英语教学中，教师并不仅仅是固有教学方法的使用者，也是新型教学方法的探求者和开发者。语言教学具有很强的实践性，因此与教学方法关系密切。英语语言知识的分析、语言技能的掌握、课堂活动的组织等都离不开科学的教学方法。

英语语言教学的方法有很多种，如语法翻译法、听说法、交际法、情境法、任务法、自主学习法等。这些方法都存在某些优点，也存在着某些缺点。因此，任何一种教学方法都不是万能的，英语教师需要将各种教学方法综合起来组织和实施教学，以便获得更好的教学效果。

（五）语言文化差异的解释者

英语教师还充当着中西方语言文化差异的解释者的角色。文化背景与文化传统不同，其价值观念和思维方式也存在明显差异。文化差异逐渐成为中西方跨文化交际的障碍。

从社会文化角度来说，语言是一种应用系统，具备独特的规范和规则，是文化要素中不可或缺的一部分。在英语教学与学习中，除了要教授英语语言知识和技能外，还需要教授文化背景知识，二者是相互促进、相互弥补的关系。

著名学者胡文仲曾指出，只学习语言材料，不了解文化背景，犹如只抓住了外壳而不领悟其精神。[①] 文化背景知识是理解过程中的意义赖以产生的主要因素之一。因此，学习语言也是学习文化。在语言文化知识的内容上，除了要讲解本土文化知识，还需要讲解英语民族的文化知识。中西方语言文化的差异性主要体现在社会制度、风俗习惯、思维方式以及道德价值上，其在语言的词汇、篇章、结构、言语行为中都能够体现出来。作为中西方语言文化差异的解释者，英语教

---

① 何冰, 姜静静, 王婧. 现代跨文化英语教学与课程设计研究 [M]. 长春：吉林人民出版社, 2019.

师要了解中西方的语言文化及差异性,因此他们需要大量阅读中英文资料、观看中英文电影,积累足够的能够表现中西文化差异的一手素材。

另外,在充当中西方语言文化差异的解释者的过程中,教师需要保持一种中立的态度,文化没有好与坏,在选取素材上也尽量选取那些不会伤害任何文化的素材,这样有助于更好地引导学生对中西方语言文化有清晰的认知。

(六)语言环境的创设者

根据二语习得理论,语言环境对于语言学习有着至关重要的作用,尤其是在缺乏真实语言环境的教学中更是如此。通过创设真实的语言环境,教师可以将新旧知识联系起来,了解中西方的文化传统习俗,接受原汁原味的中西方文化的感染和熏陶。这比学生单独学习词汇、单独学习句子等成效显著得多。

英语语言环境的创设不仅在课堂教学中展开,在课外也应积极创设。在课堂上,教师可以利用网络多媒体技术呈现文化背景有关的资料和信息,让学生了解与西方社会文化资源接近的各类文化资源和语言环境。在课外,教师可充分利用网络教学平台、英语学习语料库开列书目、布置任务,引导学生大量阅读英语报纸杂志、书籍,使学生能始终置身于英语学习的环境中,不断提高其英语水平。

(七)教学测试的评价者

根据《大学英语教学指南》,教学评价是大学英语教学的一个重要环节。对大学英语教学进行科学、全面、客观、准确的评估,以及对于教学目标的实现是非常重要的。教学评价既是教师获取教学反馈、改进教学管理、保证教学质量的一个重要依据,也是学生改进学习方法、调整学习策略的一个有效手段。在还未利用网络技术、网络资源之前,教学质量的评价往往只通过作业本、试卷完成。教师通过批阅学生的作业就可以了解学生对知识点的掌握情况,这对普通的大学英语教学是必不可少的。需要注意的是,任何事情都具有两面性,抛开批改作业的质量来说,当批改完成后教师也没有多余的精力去总结学生的完成情况,或者去分析其中存在的问题。

(八)语言教学的研究者

英语教师除了承担语言教学任务外,还承担着研究者的任务。他们在掌握语言教学理论与性质规律的基础上，逐渐构建自己的教学理念，并运用这一理念去指导实践活动，达到良好的教学效果。因此，英语教师在英语语言教学实践中，必须进行英语语言教学的理论研究，将教学研究与课堂教学实践相结合，从而实现理论到实践的转变，再到理论的升华。

三、基于"互联网+"的英语教师的角色

在"互联网+"环境下，大学英语教师的职责并没有削弱，反而面临着更艰巨的挑战，因为这一全新的模式对大学英语教师提出了更高层次的要求。大学英语教师必须学会运用先进的教学手段和教学模式，这样才能适应当前教育的需求。在具体的定位上，教师除了具备上述两种角色外，还担任如下几种特殊的角色。

（一）语言单元任务的设计者

单元主题目标往往需要设计单元任务，学生通过对真实任务的探索以及对英语语言的操练，既能够拓宽自己的知识面，又能够提升自己解决问题的能力。因此，语言单元训练任务是语言学习的一项重要项目，这就要求教师在网上设计相应能够提升学生基本技能的任务，让学生在规定的时间内完成任务，提交后查看结果，电脑当场给出学生分数。学生以这种方式完成一系列的任务，有助于降低压迫感与挫败感，愿意参与到任务中。

语言单元训练任务的完成是学生解决问题、实现教学目标任务的前提，他们只有掌握了必备的语言素材，才能对相关的语言材料进行操练和应用。

（二）主题教学模式的设计者

在"互联网+"环境下，大学英语教学要求教师设计和探讨新的教学方法和教学模式，既要将网络多媒体的优势发挥出来，又要提升学生的学习效率。但是，大学英语教师设计的主题教学模式应该是学生感兴趣的热点话题，如校园生活、学业压力、人际关系、就业、考研、钦佩的人、难忘的事、旅游、海淘等。整个主题教学模式是围绕某一主题进行的，让小组进行关于主题的分散讨论，最后以主题写作形式结束单元主题的教学。

当教师运用网络与学生进行讨论时，要对教学的内容、网上的资源进行合理安排。一般来说，讲评和讨论可以在课堂上进行，而阅读和写作可以在网络上进行。

在网络多媒体环境下，教学中设计的每一个主题都可以在网上找到丰富的资料，包含其涉及的文化背景知识和发展动态，然后由学生进行整理总结，得出自己的结论，最后再与其他学生展开讨论。

（三）学生网络学习的帮助者

在"互联网+"环境下，大学英语教学的一个重要特色就是具有网络监控作用。通过网络监控学习，有助于了解学生的学习过程，帮助学生实现自己的需要。教师是学生网络学习的帮助者，尤其是后进生的帮助者。通过学生对网页等的浏览，教师可以进行记录，了解学生的参与情况和次数，了解学习中的困难，并解决实际问题。

但是，由于学生出现的问题不同，因此教师应该对不同的学生给予不同的指导和辅助，促进学生得到不同层次的提升和进步。可见，教师对学生网络学习的帮助更具人性化，避免了学生出现畏惧心理，并能够快速地解决问题，完成自主学习。

（四）在线学习系统的建立者

网络多媒体技术为学生的大学英语学习提供了便利条件，而调控学生的学习、提供个别的指导是教师的主要任务，但是首先要做的就是建立一个完善的在线学习系统。这一系统不仅要包含教师端，还包含学生端。学生端首先需要填写自己的信息，然后按照班级向教师提出申请，进而加入这一在线学习系统中。教师对学生端进行审核，确定无误后允许学生加入该系统中。

根据导航指示，学生可以对相关资料进行下载。例如，在线学习系统包含"单元测试"与"家庭作业"等子项目，学生在"单元测试"中进行训练和测试，在"家庭作业"中提交自己的作文。之后，学生可以通过"师生论坛"或者 E-mail 的形式与教师或者其他学生进行讨论，参与网上的交互。

不难发现，在线学习系统是课堂教学的延伸。通过系统的处理和记录，教师可以将学生的记录进行比较综合，从而迅速、直观地了解学生的学习状况。

（五）交互机制实施的促进者

单纯的语言输入并不能保证语言的习得，而交互活动是语言习得的关键，其中交互活动包含意义协商和语言输出。网络多媒体为大学英语学习的交互提供了便利。作为交互学习的促进者，教师应该组织和激发学生参与到主题单元的交互活动中。

例如：利用腾讯会议，微信群等，为学生分析解决问题提供指导；利用QQ群或者讨论组与学生进行交流等。这些网络交互活动可能具有即时性，也可能具有延时性，但是在整个活动中，教师都是以促进者的身份与学生进行平等的讨论，并给予恰当的意见。

（六）数据搜集整理的分析者

进入2013年后，信息技术发展到大数据阶段。伴随大规模的在线公开课程，学生可以免费获取大量的名校课程，学生进行学习的途径有更多的选择，这就给大学英语教师提供了更高的要求。数字教育平台的建立使各门课程的网络学生有很多，网络信息库的资源被迅速捕捉出来。通过对学生的海量信息进行收集和挖掘，教师可以更准确地把握学生的特征以及学生学习的效果，并对学生下一步的学习形式和内容进行预测，真正地实现因材施教。

作为大数据的搜集挖掘者和分析者，大学英语教师必须把握大数据分析的技巧和方法，其中包含模型预测、机器学习、比较优化、可视化等方法。

第二节 "互联网+"大学英语教师专业发展的影响因素

随着对教师专业化研究的深入，很多学者认识到影响教师专业发展的因素除了个人因素（认知能力、职业道德、人际交往等）外，还包括环境因素，如教育政策、学校管理与学校氛围等。本节就对这些因素展开分析和探讨。

一、个人因素

（一）认知能力

从认知角度来分析，英语教学是一项非常复杂的认知活动，英语教师的认知能力是他们长期开展教学活动所积累的结果。认知能力的发展有助于提升英语教师的教学效能。在英语教学过程中，如果一名教师的认知能力较强，那么他必然会灵活采用教学策略、运用教学技巧，从而激发学生参与教学活动的积极性。

（二）职业道德

对于英语教师而言，职业道德对他们有着至关重要的影响。第一，职业道德是教师实现角色认同的基础和前提，如果一名教师不具备基本的职业道德，那么他们就没有资格担任教师这一重要角色。第二，具备高尚职业道德的英语教师会在自己的工作中任劳任怨、勤勤恳恳，直至在教学中取得优秀的成果，引领学生步入一个新台阶。第三，英语教师的专业化是在不断处理个人与他人、个人与集体的利益关系时不断发展的，而在这之中需要道德的参与，也就是说职业道德是英语教师进行职业交往、解决冲突的一项重要准则。

（三）人际交往

如前所述，英语教师的专业发展是在与他人的交往中逐渐发展的。也就是说，具备良好的人际交往，英语教师才能保持愉悦的心态与健康的心理，避免自身产生职业倦怠。首先，英语教师要处理好自己与学生的关系，英语教师如果与学生建立良好的人际关系，有助于教师实现自身的意志、理想与情感的统一，这是英语教师专业发展的一项重要要求。其次，英语教师还要处理好自己与同事之间的关系，英语教师之间通过合作，可以不断提升自身的专业化水平，这是英语教师专业发展的必然要求。

（四）自我评价

在英语教师专业发展过程中，自我评价是必不可少的一项内容。第一，自我评价有助于英语教师的角色内化，让英语教师对自己有清晰了解，从而建构自己的教学内容，不断提升自我。简单来说，如果一名英语教师自我认识较高，那么就会显得更为自信和成熟。第二，自我评价有助于调动英语教师的内在动机，通过自我评价，英语教师的积极性、自觉性可以不断提升，从而增强自己的创新意识。第三，英语教师通过自我评价有助于更深层次地认识自我，使自己不断思考、不断反省。第四，自我评价可以促进英语教师把握人生价值选择，进行自我塑造。

（五）职业发展动机

英语教师的职业发展动机包含内部动机与外部动机。前者是指人们对某些活动感兴趣，并从活动中不断获得满足，活动本身成为人们从事该项活动的助力。内部动机反映出英语教师对教学工作的价值取向与主观需要，对英语教师的教学行为起着重要的刺激作用。后者是指由于压力诱发的助推力，其在英语教师的教学工作中也起到重要的引导与激励作用。

二、环境因素

（一）教育政策

所谓教育政策，即国家和政府制定的对教育领域的社会问题、利益关系进行调整的公共政策。一个国家的教育政策对教师专业发展有着宏观层面的影响，其为教师提供物质基础与保证，赋予教师基本的权利与义务，体现国家对教师的要求。首先，教育政策为英语教师的基本生活与工作提供物质保障，对教师的生存与发展产生直接影响。其次，教育政策为教育事业发展提供了重要规范与标准，对教师的专业发展提供了重要指导。最后，教育政策通过教师考核制度、奖惩制度等对教师的专业发展起着重要的激励作用。

（二）学校管理

学校管理是管理者在国家政策指导下，对学校内部情况进行管理，是对学校系统资源、人力资源、物力资源等进行的组织与规划、协调与控制、决策与指导的过程。学校管理者管理方式的不同，会对教师的专业发展起着不同的作用。因此，学校管理者应该首先了解每位英语教师自身的需要，针对不同的需要以及英语教师不同的发展阶段，采取恰当的管理措施，调动英语教师的积极性。

（三）学校氛围

学校氛围是在每一所学校内部形成的，对学校成员的价值观念、道德规范等起着重要作用，是一所学校的精神风貌。其对于教师的专业化发展也起着潜移默化的作用，是教师专业成长的外部精神力量。良好的学校氛围为教师提供富有挑战性的工作机会，能够激励教师不断发展、持续成长，充分发挥教师的主动性和创造性，使教师为实现自我而努力。

第三节 "互联网+"大学英语教师综合素质提升策略

提升大学英语教师的素质可以从内部和外部两个方面进行。内部措施主要是指教师自身的反思和努力程度，外部措施主要是对教师的职业培训、学术会议、学术深造等。

一、提升大学英语教师素质的内部措施

（一）开展反思教学

1. 反思性教学理论

反思性教学是现代教育改革中迅速兴起的一种教学理论。反思性教学思想的渊源可以追溯到杜威（John Dewey）和肖恩等人对反思活动的论述。杜威将反思概括为一种特殊的思维形式，认为反思起源于主体在活动情景过程中所产生的怀疑或困惑，是引发有目的的探究行为和解决情景问题的有效手段，教学活动本质上具有反思性质。[1]肖恩则将反思分为"对行动的反思"和"在行动中反思"两种。在教学中，"对行动的反思"或发生在课前对课堂教学的思考和计划上，或发生在课后对课堂发生的一切的思考中。[2]同样，反思也可能发生在教学行动过程中，即"在行动中反思"，在教学过程中，教师通常会有与情境的反思性对话，在教学时，教师常常会碰到出乎意料的反应和知觉，教师必须考虑这些反应以调整自己的教学。

（1）反思型思维与教学创新

美国著名哲学家和教育学家杜威是最早对反思问题进行系统论述的，他关于反思型思维及如何培养反思型教师的研究对后人产生深远影响。在杜威看来，反思思维为求知的最好方式，它是"对任何信念或假定形式的知识，根据其支持理由和倾向得出的进一步结论，进行的积极主动的、坚持不懈的和细致缜密的思考"。[3]反思型思维与那种盲目顺从于传统和权威的常规思维不同：常规思维基本

---

[1] 周晓航. 大数据时代外语教师发展研究[M]. 北京：现代出版社，2019.
[2] 同[1].
[3] 陈仕清. 英语教师专业发展新路径[M]. 南宁：广西教育出版社，2012.

上是由传统、权威和冲动所决定的，而反思型思维是对某个问题进行反复的、认真的、不断的深思；反思型思维不是沉思默想，而是指思想从经验到人的活动结果再回到原先尝试的假设和猜测的活动。

杜威关于反思型思维的理论为教学创新提供了理据，反思性教学使教师从单纯冲动和一成不变的行动中解脱出来，使教师的行动更加深思熟虑，具有预见性，即按照目的去计划行动。教师在反思的过程中可以发现新问题，进一步激发创造力，在不断改进教学的过程中，把自己的教学实践提升到新的高度。教师在真实的教学情境中遇到困惑和疑问，产生真实的问题，激发研究动机，从而行动起来，收集知识资料和实地观察，设计解决问题的方法，并通过真实的教学情境来验证想法，积累教学经验，最终形成自己的教学理论，成为教师个人进行创新教学的基础。当然，教师通过教学反思来创新教学需要具有深厚的教育理论修养、广阔的教育前沿视野和敏感的教育问题意识。

（2）教师个人实践理论和反思性教学

教师个人实践理论是美国学者唐纳德·肖恩首先提出的。他认为，教师在教学过程中常常受两种理论的支配和影响：一种是公共理论，另一种是教师的个人实践理论。[①]公共理论是指脱离产生主体，借助于语言、言语和文本等载体在公共领域得以传播，为某类群体或整个人类所共享的理性认识成果；个人实践理论是指尚未脱离产生主体，贮存于个人头脑中，为个人所享有并在个人教学实践中运用的理性认识成果。教师个人实践理论是一种隐藏在教师身上的个人有关课堂教学和生活经验的认知，又被称为行动中的知识、教师的策略性知识、实践知识和教学隐喻等。教师所掌握的公共理论要对教学实践发挥作用，必须经过教师的内化和吸收，与个人已有知识、经历以及教学和生活体验相结合，经过批判性分析并升华为教师个人实践理论之后，才能服务于真实的教学情境。事实上，教师无时无刻不在运用不同的个人实践理论实施着教学。

公共理论转化为教师个人实践理论的最重要途径是反思性教学。教师是一个反思型实践者，教学实践在形成教师的个人实践理论方面起着重要作用。肖恩认为，教学实践应包括两种反思行为，一种是"对行动的反思"，即课前与课堂教学的思考、计划和课后对课堂教学的反思；另一种是"行动中的反思"，即教师

---

① 周晓航. 大数据时代外语教师发展研究 [M]. 北京：现代出版社，2019.

在教学过程中对出乎意料的问题作出反应，并试图解决问题，对教学进行调整。两种反思行为相辅相成，促进教师个人实践理论的形成，推动教师专业持续发展。当反思实践者发现行动的结果和目的存在差距，或者在实施行动计划遇到困难、出现问题时，反思型教师往往会对问题作出及时反应，试图解决问题，并在课后针对问题和问题的处理效果作出思考，对自己已有的知识和经验进行批判性反思。对于教学中出现的一些特殊的问题，反思型教师往往会在同事之间讨论解决办法，交流心得，对问题的思考和观察也会变得更加系统，甚至会把它作为课题进行长期研究，并把通过反思而形成的研究成果放在真实的教学情境中检验。在这个过程中教师对问题的认识逐步深入，不断地对行动计划作出修改，以期能使行动结果和行动目标一致。这样在整个教学实践的过程中（行动前、行动后和行动中），教师的反思无处不在，而通过反思形成的个人实践理论反过来可以指导下一轮的教学行动。随着个人实践知识的积累，教师会意识到反思实践使生成的教学理论更加系统化，让它接受实践的检验，反过来可以指导自己的实践，提高教学质量，推动教师自身的专业发展不断走向成熟。

2. 反思性教学的具体实践

实施反思性教学，成为一名成功的反思型教师，可采取的策略有实践反思、叙事反思、合作反思和资源反思。

（1）实践反思

实践反思的主要方法是行动研究。教师行动研究是教师对自身当下思维与行为的监控与调节、协调与互动。行动研究是一个循环往复的探寻新问题、解决新问题的过程，即发现问题—形成假设—行动研究—发现新问题……如此反复，进行教学探索与提高。行动研究能够帮助教师在调节自身思维活动与行为活动的同时发现教育教学实践过程中的问题，并通过教学实践使问题得到顺利解决，使教师由纯粹的教育教学的实践者提升为教学理论的创造者与实践者。

（2）叙事反思

叙事反思是教师通过内隐或外显的方式将所经历的教育事件与相关感受呈现出来，为他们今后的思考提供素材。教师可以采用想象叙事或内隐叙事，将自己头脑中的各种表象通过自己思维的加工而构成各种具有意义情节的事件，如对教学片段的回忆等；也可以采用口头叙事，通过口头言说的方式将自己内心的东西表达出来，如与同事交流反思心得等；还可以采用书面叙事，通过书面语言将自己所见、所闻、所经历的事件写出来，如教学日志、听课记录等。

（3）合作反思

合作反思是外语教师反思性教学和专业化发展的重要途径，包括参与式观察和合作教学等方法。参与式观察（教学观摩）以教师相互听课为主要形式来观察和分析同事的教学活动。合作教学指两名以上的教师同时教一个班的学生。外语教学中的合作教学可以促进教师对教学进行反思，有利于教学合作和教师专业素质的培养，也有利于培养教师的团队精神。

（4）资源反思

资源反思主要包括观看教学录像带和利用教师档案袋等方法。观看自己的教学录像可以使教师站在客观的角度考察自己的教学实践，它不仅能反映自己教学的优点和不足，也能把很多自己并未注意到的教学细节呈现出来。教师档案袋是对所有关于学生学习和教师教学过程的记录，同时还有教师本人对这些事件的评论和解释。它为教师的反思提供了最直接的情境，可以帮助教师反思自己的教学过程，然后据此选择最合适的教学策略，促进教师的专业化发展。

总之，把反思性教学运用于英语教学实践，教师要把科研与教学有机地结合起来，采用以上四种策略改进自己的教学观念与方法，提高教学效率，不断提升自身的专业水平。

（二）深入开发教材

教材为教师职业生涯、学术发展以及教学技能的个性化发展提供了必要的基础。作为教学的载体，教材是教学大纲和教学计划在知识内容与教学目标上的产物；在知识的呈现方式上，教材则是教学法的体现与应用。教师对教材的认识水平决定了教师对教材的使用程度与使用水平，对教材进行研读、深层次把握是提升大学英语教师素质的一条有效途径。

教师对教材的实际运用，从教学维度来看，主要包括三个方面：对教学目标、教学内容的理解与取舍；对教学环节、方法的设计与安排；对教材练习的反馈、整个教材运用效果和经验的预知与回想。这三个方面也揭示了教师运用教材的大致过程。

1. 探究教材

探究教材体现的语言学习规律。以语言学习为主要内容的英语教材，蕴涵了教材编者对语言学习规律的基本观念。通常而言，英语教材有以下两种常用的促进语言习得的方法：第一种是直接呈现语言现象，讲解语言规则，解释语言运用，然后设置大量练习；第二种则是在教材中编入大量语言实践活动，使学生能够大量使用英语，在用的过程中接触、理解和掌握语言。通过对教材的分析与研究，教师能够探究隐藏在教材中的深层次的学习规律，来判断编者采用的是演绎过程还是归纳过程，是综合学习过程还是分析学习过程，是过程导向还是结果导向等。在此基础上，英语教师帮助学生创造模拟的目标语境，充分发挥教师在指导性习得中的作用，并积极鼓励学生进行语言实践活动，促进语言习得。

2. 学习教材

学习教材采用的是语言知识学习与技能培养的教学方法。现代外语教材的编写原则通常体现一定时期的学科前沿理论和语言教学思想，反映当时主流的语言学习和技能培养的方法。学习语言，除了学习语言点，还需要了解相关的文化背景知识；另外，所谓阅读，应该是培养学生的阅读能力。教材是编者教学思想和教学方法的物化，全面有效地使用教材，就能充分挖掘教材蕴涵的教学方法，为教师提供语言知识处理和技能培养的方法指导。

利特尔·约翰（Little John）认为，教材中的"任务"是了解教材设想的窗口，"教材设计者关于语言学习的最佳路径的假设正是通过课堂任务的性质而变得清晰，教师和学生的角色由此得到界定。"[1] 教材中任务或练习的设计往往映射了编制者的学习观。

教师通过研究教材，理解教材内容是如何体现隐藏在其中的教学理念，领会教材编写者的意图，理解和学习编写者通过教材传递的教学方法，从而促进专业水平的提高。

3. 开发和编写教材

程晓棠曾指出，就我国目前的情况来看，英语教师在教材编写中并没有发挥应有的作用。究其原因，主要有以下三个方面：

（1）个别外语教师认为，编写教材与自己无关，编写教材是教育主管部门

---

[1] 贾芝，林琳，徐颖. 高校英语教师专业发展有效路径探究[M]. 青岛：中国海洋大学出版社，2020.

和教材出版部门的职责而不是教师的职责。

（2）大多数教师不具备编写教材的能力，也不具备编写教材的资源。

（3）即使教师编写了教材，也可能出版不了。

而事实上，教师作为教材的第一使用者，作为实现教材编者与学生之间知识传递的桥梁，对开发和编写教材具有得天独厚的优势。

教师在教材编写的过程中，通常必须考虑以下问题：围绕这门课程有哪些先进的语言理论、学习理论和教学理论；指导教材编写的课程要求是什么；教材如何平衡发展听、说、读、写四项语言基本技能；使用该教材的教师如何开展形成性评价和终结性评价；教材该如何照顾学习者的个性差异；教材是否考虑了教师教学和职业发展的需要；使用这本教材需要什么样的支持性教学材料和教学资源。通过对这些问题的考虑，教师对该门课程会有透彻的了解，因而个人的科研和教学能力也会得到锻炼和提高。

（三）开展终身学习

面对经济全球化、信息时代、知识时代的发展，英语教师要进一步确立终身学习的理念，不断加强学习，丰富自己的专业知识，不断提高教学能力和专业水平。近年来，国内各高校纷纷采取学校、院系或个人共同出资的办法送教师出国进修，大学英语教师参加各类培训或出席国内外学术会议的机会也越来越多。为培养越来越多的新型的复合型大学英语教师，中华人民共和国教育部也组织开展了专题研讨等形式的学术会议，以加深英语教师对教学改革的认识。

大学英语教师在承担教学任务的同时，加强学习、积极开展学术科研工作，对提升自身能力和改善知识结构具有重要的现实意义。

大学英语教学改革和信息网络技术的发展对教师提出了更高的要求，教师的发展与自身角色的转变、素质和能力的提高息息相关。各高校应注重对英语教师职业能力和职业道德的培养，为教师发展提供岗前和岗后职业培训，鼓励教师以多种方式围绕教学质量的提高积极开展教学研究，鼓励教师参加国内外学术会议，促进院校间的交流，鼓励英语教师学术深造。与此同时，教师自身要树立终身学习的理念，及时更新自己在各个方面的知识体系，为教育事业作出贡献。

二、提升大学英语教师素质的外部措施

（一）职业培训

职业培训与英语教师的职业发展有密切的关系，是以教师需要为出发点，以教师的任教需要为中心的教师培训方式，是促进教师教学专长的重要形式之一。英语教师的职业培训不仅包括学术培训，而且包括职业情感、专业技能以及实践创造性等方面的指导。有学者指出，知识的更新换代需要新技能的不断学习，教师职业培训的内容已由一般或专门技能培训转变为一般和专门技能培训，由此可以看出，培训的内容和形式在不断丰富和变化。职业培训不仅要帮助教师更深刻、灵活地理解学科知识，还要帮助他们理解学习者的言行，了解当前最新的课程资源和教学手段，掌握关于学习的知识，并培养教师有意识地对教学行为进行反思总结的技能。在传统教学模式下，教学是由课程决定的，教师包含在课程设计之内，是开展课程教学的实施者，因此教师的使命感与工作任务相比就不受重视。新时代的教师职业培训把培养教师的职业使命感作为重要内容。檀传宝认为，教师的职业信仰和使命感与专业技能相比更为重要，职业技能以外的职业品质和道德品质更能体现一位教师的综合素质。职业培训要将职前培训和职后培训有机结合，使教师教育贯穿教师职业生涯的全过程，在一般和专门培训之外，增加职业情感和教育信仰的陶冶，目标明确，全面提高英语教师的素质。

（二）科研小组

科研小组是相同学校、相同年级英语教师组成小组进行教学研究的一种形式。科研小组定期举行讨论，以最近教学实践中遇到的问题或某一新型教学方法、教学技能为议点，这些议点可以是共性的也可以是个性的，根据所讨论的问题决定研究方向并确定研究题目，共同制订解决方案，分配研究任务，各尽其责实施研究方案，在合作中求得共同发展和提高。也可以为某一种教学策略进行演练，分析其实际运用的可能性，演练后大家共同讨论，提出修改意见，以达到更好、更完善的目的。

作为大学英语教师应把科研同教学有机结合，在教学中启发学生的创新意识，开创一条符合学生特点的科研之路，并将科研成果运用到课堂教学中，用理论指

导实践，在实践中升华理论，使理论更加系统化。

（三）学术会议

参加学术会议是提高大学英语教师能力的重要途径。与英语教学和科学研究有关的学术会议为英语教师间沟通交流、共同发展提供了平台。世界各地的英语学者汇集学术会议，广泛学习各种知识，自由交流研究成果，各抒己见，百家争鸣。在陈述或发言的过程中，英语教师丰富了专业知识，提高了教学能力。此外，学术会议资源丰富、形式多样，如电子会议、视频会议、专题讨论小组、电子公告板、电子论坛等，使英语教师获得学术信息的途径更加迅速和便捷。因此，经常参加学术交流，不仅可以加深教师对理论的理解，而且还会明确学科发展的方向。

（四）学术深造

随着信息全球化和教育国际化的发展，加上各国政治经济方面的合作，出国交流的政策不断放宽，手续越来越简化，对于英语教师来说，出国进行学术深造已不是一件难事。同时，学校的财政资助也是对学术深造的激励，对教师长期发展意义重大。学术深造有利于英语教师在进一步提高自身专业知识的同时，涉猎新的学科，开辟新的研究专业和领域，拓宽研究视野，更新教学理念，提升学术水平和教学科研能力。

参 考 文 献

[1] 唐君. 高校英语信息化教学研究 [M]. 北京：中国国际广播出版社，2018.

[2] 高红梅，管艳郡，朱荣萍. 高校英语教学创新性研究 [M]. 长春：吉林人民出版社，2021.

[3] 刘亚娜. 高校英语教学理论与实践探究 [M]. 长春：吉林人民出版社，2020.

[4] 韩俊秀，吴英华，贾世娇. 任务型学习法与高校英语教学 [M]. 广州：广东旅游出版社，2019.

[5] 吴文亮. 信息化时代高校英语教学理论的解构与重塑 [M]. 长春：吉林大学出版社，2019.

[6] 束定芳，王蓓蕾. 高校英语教学现状与改革方向 [M]. 上海：上海外语教育出版社，2015.

[7] 陈德泉，虞晓东. 高校英语教学创新模式探索 [M]. 杭州：浙江工商大学出版社，2009.

[8] 陈许. 思考与探索高校英语教学与研究论集 [M]. 重庆：重庆大学出版社，2008.

[9] 胡宝菊. 新时期高校英语口语教学研究 [M]. 长春：吉林出版集团股份有限公司，2021.

[10] 姚娟，徐丽华，娄良珍. 高校英语阅读与翻译教学多维研究 [M]. 天津：天津科学技术出版社，2021.

[11] 姚倩，许芳杰. 高校英语教师教育者循证教学：内涵、特征与实现路径 [J]. 外语界，2022（5）：56–62.

[12] 莫晨莉. 互联网时代下高校英语教育探究 [J]. 湖北开放职业学院学报，2022，35（18）：172–174.

[13] 崔瑾英. 基于"互联网+"思维的高校英语信息化教学路径研究 [J]. 教育理

论与实践，2020，40（27）：56-58.

[14] 邓妍. 互联网背景下高校英语教学管理优化途径研究 [J]. 海外英语，2022（06）：124-125，149.

[15] 刘娴. "互联网+"时代高校英语口语教学策略的分析 [J]. 海外英语，2021（21）：144-145.

[16] 丁宁. "互联网+"大学公共英语课程思政教学模式发展与研究 [J]. 高教学刊，2021，7（29）：123-126.

[17] 王理. ""互联网+"教育"背景下高校英语教学策略研究 [J]. 教育理论与实践，2021，41（15）：56-58.

[18] 熊晓雪. "互联网+"时代背景下高校英语专业教学的实践改革方法 [J]. 海外英语，2020（22）：116-117.

[19] 杨仕芬. "互联网+"时代高校英语口语教学策略的分析 [J]. 海外英语，2019（22）：177-178.

[20] 周严. "互联网+"高校英语课堂之信息化手段的运用分析 [J]. 海外英语，2021（6）：162-163.

[21] 丁玲. 高校本科英语学习者的翻转课堂满意度及其影响因素研究 [D]. 南京：南京邮电大学，2020.

[22] 隋晓冰. 网络环境下大学英语课堂教学优化研究 [D]. 上海：上海外国语大学，2013.

[23] 胡心语. "互联网+教育"背景下英语专业高年级学生口语自主学习策略研究 [D]. 大庆：东北石油大学，2022.

[24] 李伟力. 基于雨课堂的高中英语写作混合式学习实践研究 [D]. 哈尔滨：哈尔滨师范大学，2020.

[25] 孙倩. 基于移动学习的大学英语听说作业设计优化策略研究 [D]. 重庆：四川外国语大学，2021.

[26] 贾振霞. 大学英语混合式教学中的有效教学行为研究 [D]. 上海：上海外国语大学，2019.

[27] 王静. 我国高校外语教育信息化政策发展研究 [D]. 上海：上海外国语大学，2018.

[28] 马琴. 大学英语个性化教学研究 [D]. 重庆：西南大学，2017.

[29] 陶涛. 大学英语教学有效性问题研究 [D]. 武汉：华中师范大学，2015.

[30] 魏华燕. "互联网+"条件下英语课堂教学模式的构建与实践研究 [D]. 重庆：西南大学，2021.